回忆与思考

卢博米尔·什特劳加尔等人回忆录
(捷克1970—1988政府总理及其部长们)

（续集）

［捷克］ 卢博米尔·什特劳加尔　著
［中国］ 郦明　译

Lubomír Štrougal
Paměti a úvahy

捷克出版社编者说明

当 2009 年秋天，卢博米尔·什特劳加尔的《回忆与思考》一书出版的时候，作者和出版社就等待着各种各样的不同反应。作者本人的写作动机包含了许多对历史和政治的评论及思考，而不仅是对 20 世纪后半叶我国的历史作客观的观察。随着大量各种档案的解密，几乎已经没有人再去企图对那个时代的人物及其个性做更为深入的和更为专业的分析。

《回忆与思考》一书的出版受到了读者们热烈地欢迎，甚至许多个星期都在书店门口竖起了大字标牌。

当然，每一件快乐的事都有两面性，很快，出版社开始收到了许多读者写着问题的信和电子邮件。为什么作者略去了那个？为什么作者在那里没有提到 X 和 Y 先生？我们和作者一起逐渐得出一个结论，就是要很明确地回答读者们的问题。有的问题读者写下来给了我们，也有的记录在磁带里给我们。我们想了很久：怎样才能找到最公开和最准确的方式来回答？我们经过与作者多次的接触，得出一个主意，就是出一本新书（《回忆与思考》续集），书中也包括一些前政府成员（作者的部下）的回忆文章，用这个方法，不仅可以对"什特劳加尔时代"的图像加以补充，而且还能从另外一些视角来加以观察。

这样，尊敬的读者们，摆在你们面前的，是前捷克斯洛伐克社会主义共和国政府总理和捷克斯洛伐克共产党中央委员会主席团成员的回忆录续集，包括卢博米尔·什特劳加尔的一些观点和看法 。他个人认为，不再会第三次做这样的写作了。然而他答应我们，有问题的时候，他将直接答复询问者。

编辑

兹德涅克·依尔库

序　言

我的"回忆与思考"出版之后，许多读者对捷克斯洛伐克社会主义共和国政府的工作以及其他个别的部长和各部门的主管的活动感兴趣。我现在试试来回答他们的问题。我邀请了过去的一些同事来协助我。他们是：拉其斯拉夫·格雷工程师，科学副博士（Ladislav Gerle）；弗朗基舍克·朗格工程师，科学副博士（František Langer），符拉斯奇米尔·埃伦培尔格工程师、科学博士（Vlastimil Ehrenberger）；弗朗基舍克·楚巴副教授、工程师、科学博士（František Čuba）及米罗斯拉夫·托曼工程师，科学副博士（Miroslav Toman）。很遗憾的是，彼得·佐洛特卡法学博士、教授（Peter Colotka）由于再次重病而未能继续他那引人入胜的叙述。这些同事们对政府的工作提供了他们的观点和看法。

我对于他们的文字没有做任何改动，我必须承认，我读了他们的文章很满意，首先是我重新回忆起他们——我过去的同事们——高度的专业程度以及他们宽广的眼界和见识。不仅是这些，你们在这本书中他们的文章里，将读到更多的东西。

读者们的问题经常是相当尖锐，因此，为了将某些事实搞得更清楚，我必须请弗朗基舍克·耐佛齐尔工程师（František Nevařil）协助，在此我对他致以谢意！

我衷心地感谢所有我有幸和他们在捷克斯洛伐克社会主义共和国政府中共同工作的同事们,可以理解的是,我在这里不能一一地举出他们的姓名。

卢博米尔·什特劳加尔
布拉格－上波卢勃内
2011 年 9 月

目 录

第一章 关于走向新社会体制的捷克斯洛伐克道路 …………… 1
第二章 在内务部的年代 ………………………………………… 7
第三章 关于可能和不可能的改革 ……………………………… 21
第四章 再谈谈古斯塔夫·胡萨克（1969—1989 捷共总书记）……… 28
第五章 关于经济互助理事会（RVHP）………………………… 47
第六章 关于当时很著名的人士 ………………………………… 51
第七章 为什么我们"不善于运作"国内市场以及谁不想要它？……… 65
第八章 关于捷克斯洛伐克共和国的分裂及其相关的因素 …… 72
第九章 1989 年——政权转给了反对派 ………………………… 80
第十章 关于有希望的前途与真正的失败 ……………………… 102
第十一章 冶金与重型机械部部长 L. 格雷的回忆 ……………… 117
第十二章 外贸部第一副部长 F. 朗格的回忆 …………………… 128
第十三章 燃料及能源部部长 V. 埃伦培尔格的回忆 …………… 133
第十四章 农业部部长米罗斯拉夫·托曼的回忆 ………………… 144
第十五章 副教授弗朗基舍克·楚巴的回忆 ……………………… 153
译后记 ……………………………………………………………… 160

第一章
关于走向新社会体制的捷克斯洛伐克道路

读者问：博士先生①，在您的回忆录中，您写道关于"走向新社会体制的捷克斯洛伐克道路"。根据您的了解，这种思想是怎样产生的？

根据我的了解，这种思想是在流亡政府年代中逐渐产生的。在伦敦和莫斯科这两个战时的捷克斯洛伐克流亡政府中心，随着热烈讨论战后捷克斯洛伐克的政治安排而产生的。已经很清楚的是，由于战前捷克斯洛伐克第一共和国的垮台，慕尼黑出卖捷克斯洛伐克的事件造成了共和国彻底的崩溃。民族问题在第一共和国没有得到解决，在纳粹德国的压力下更得不到解决，很高的失业率，政府的非社会主义政策，政治形势不稳定，共和国总统得不到大家的拥护。的确，第一共和国的安排不是合适的榜样。

在科希策政府纲领中，因此将议会民主体制这个政治概念作为基本战略，但是有四个独立的政党存在，在议会中的席位是按选票比例的，民主政府由总统任命，但需要经过议会多数的通过批准。

那时，在战后自然产生了对新共和国比较清楚的概念。曾经十分清楚的是，完全机械地恢复第一共和国已经是不可能的。

读者问：好的，但是今天许多文献中都说，对于捷克斯洛伐克共产党来说，这仅仅是一种战术，捷共打算逐步地控制国家，然后同样地实现苏

---

① 这里博士先生是对前总理什特劳加尔博士的称呼。——译者注

联模式。

这种战后社会体制和苏联体制在根本上是不同的。即使在以后有些演变，也没有走向苏联。这种"非独裁的安排"（我们今天可以这样说），在其他新出现的人民民主国家中，也有这样类似的倾向。在战后的中欧和东欧国家中，正确的突出和尊重民族的特色和特点，是顺利解决建设新社会这种复杂而长期的任务的出路，这曾经是那时期关于战后概念的主要认识，有时仅仅是各种思考：如何在各个中欧和东欧国家进行社会生活的安排。

这里，我认为可以毫不夸张地说，作为考虑和寻找的社会体制的主流，既不是苏联模式，也不是经过战争而有所变化的已有的资本主义体制，后者在中东欧没有被认为是理想的社会体制。

读者问：为什么不？两种体制（苏联和资本主义）共同在历史上最大的战争中取得了胜利。他们的力量是无可争议的……

这也是属于历史的回忆。30年代的经济危机、慕尼黑的出卖以及其他事实等等，都在欧洲的社会主义知识分子以及许多共产党和社会党的领导层面前提出了这样一个问题——如何将民主和社会进步结合起来？而不会毁坏两者中的任何一个？大家在寻找其他的战略性出路。无可怀疑的是，所有考虑的基本点是相近的：更高效率的、社会正义的、文化发达的社会，要考虑民族特性和民主条件，要尊重所有广泛的、必需的、战后新产生的各人民民主国家和苏联的国际关系。

读者问：那时存在过在所谓的斯大林体制的"民主化"中的病毒吗？我们知道，贝奈斯总统曾经这样考虑过，其他人呢？

我们可以读一读哥特瓦尔德（Gottwald）和许多捷克斯洛伐克共产党领导人的讲话。我们也可以看看在莫斯科和伦敦的外交文件。没有一个人想过要将捷克斯洛伐克完全的苏维埃化，大概除了某些政治冒险家之外。

读者问：那么斯大林呢？

第一章　关于走向新社会体制的捷克斯洛伐克道路

关于这个，就今天我们所知，可以明显地发现，斯大林十分害怕在欧洲恢复战前的状态；对苏联来说，那曾经是可怕的经验。他希望有许多友好的国家。但是，在那时期，这并不和意识形态联系起来，他将意识形态完全用来作为借口，在现实中，他感兴趣的只是权力。

读者问：我们有科希策政府纲领，第三条道路的思想，新的政治安排以及充满希望的社会……但是今天的历史学家说，不管哪一种考虑了民族特性的思想都是错误的。世界走向了冷战。

"铁幕"这个概念是丘吉尔（Churchill）带来的，在当时似乎还是一个文学上的隐喻。那时谁会相信，会开始新的军备竞赛，新的对抗？在捷克斯洛伐克接下来的时期——1946年和1947年——所有的安排，根据已经制定的政府纲领，基本上都在顺利地进行着。在1946年实现了议会大选，各社会主义政党得到了显著的票数，批准了民主宪法。

读者问：但是哥特瓦尔德逐渐改变了自己的政策，领导捷克斯洛伐克共产党走向政治上的独裁。今天看来，似乎是苏联的压力曾经很强大，但是国际形势的发展也将丘吉尔的文学隐喻变成了铁的事实。

在《回忆与思考》书中，我尽量地描述了当时是什么样的环境以及根据什么样的提议导致了情报局的决定，决定说走向社会主义的特殊道路是不可被接受的，要受到谴责的。特殊道路的拥护者被定罪为对社会主义思想的叛变。

为什么在1947年和1948年之交，原来曾经在实际生活中顺利地引入的政治战略和战术以及社会的民主发展，突然发生了根本的改变？对此只存在唯一的答案：不仅在捷克斯洛伐克，而且在所有人民民主国家，党和国家的领导都受到来自莫斯科的斯大林的强大压力，强迫他们放弃已经选好的道路。今天已经被无可置疑地证实，40年代末到50年代初的非法政治审判过程是受到苏联安全机构的命令和压力而组织的，并且他们十分积极地参与了。根据情报局的声明，四个独立的政党的选举体制必须加以废除，为的是拒绝特殊的走向社会主义道路，而代之以民族阵线的统一的候选人。民族阵线中，捷克斯洛伐克共产党处于唯一的领导地位，关于这一切写入文件中了。初看起来，所有这些都像是平民党人所作所为，实际上我们什么都没有做，而是莫斯科的命令。这个历史事实，毫无疑问应予以承认。也许从某些理由来说，可以怪罪那时的党和国家的领导人的软弱，怪罪他们背叛了自己宣称过的、人民接受的思想，但是同时也不能不承认：离开了"捷克斯洛伐克走向新社会的民主道路"并不是他们的自由决定。简单地说，几乎所有的人民民主国家的政治领导班子在如此血腥的压力下，都离开了自己原来的思想概念——只有南斯拉夫的铁托没有放弃自己的民族纲领。但是，他也没有逃避某种独裁形式，但这是另外的过程了。

读者问：您的书的一些读者注意到，这个课题对于您是十分根本的，而所有其他人都尽量掩盖这个课题，应该说明直到1989年的整个发展。应该特别予以特别的考虑。

我晓得，为什么会产生这样的认识。在科希策政府纲领中，宣布了国家和社会的民主安排的基本概念，要尊重在这里生活的民族和民族性的特殊历史条件，但是大多数历史出版物中完全忽略了这个曾经宣布的基本概念。对于许多著作者而言，似乎这个基本概念从来没有存在过这种遗憾也包括历史学家在内。其后果自然是严重的，没有向公众提供战后安排的正确概念。更遗憾的是，1945年以后我们国家的大部分的历史论文，都是从1948年2月写起，即使这样，也常常被不正确地说明和解释。摆在我国国民以及全世界面前的，是对整个战后政治历史的错误解读。

虽然有道理可以说：由于许多复杂的原因，接触在莫斯科的共产党流亡者的历史材料，是非常困难的，特别是1943—1945年间关于我们共和国的战后安排的讨论材料，经常是不可能的，甚至不能真正确认：这样类型的材料究竟存不存在。但是所有这些怀疑都不能够完全解释：为什么历史出版物完全不涉及走向新社会的捷克斯洛伐克道路的思想概念。这种概念不但存在，国家领导人不但宣布过，而且在战后最初三年真正的实现过。

第一章　关于走向新社会体制的捷克斯洛伐克道路

除了上述的严肃的解释之外，我下决心声明：所有在1945—1947年间宣称和推行在生活中的，都是骗局，欺骗了捷克和斯洛伐克的选民。战后的捷克斯洛伐克应该是什么样的，关于这方面的基本方向和战略考虑统统都被忘记掉了。捷克斯洛伐克共产党在1948年2月的胜利应该被认为是历史的错误。1948年2月，共产党员们显示了所谓的自己的合法面貌，应该被认为是反宪法的政变，以后就是捷克斯洛伐克共产党的独裁和"正常化"。在已经出版的《回忆与思考》一书中，我力图正确地描述捷克斯洛伐克共产党和捷克斯洛伐克从1945年5月到1989年11月的历史——作自我批评，承认党和国家在战术和战略上的错误。因为这个原因，我赞同那时候的偏离我们自己的走向社会主义的特殊道路与1989年11月事件（捷克政府和共产党的垮台）有直接的关系，我也试图来研究这个前因后果。

读者问：那么，哥特瓦尔德领导集团的软弱性，在40年之后①，导致了政治上的崩溃？

是，也不是。历史上记载了多少次大大小小外国压力的事实。每一位捷克和斯洛伐克国民都因而会觉得十分遗憾：我们国家遭受过这么多次的历史性和悲剧性的灾难。

读者问：对于这样的灾难，在以后的年代中能够避免吗？

让我们只限于讨论下面这个问题：许多人说在1989年11月政治崩溃中，整个发展进程是合乎法律的，我对此不能完全信服。想一想，目前的政治、经济和社会危机！以下相关的各种事件的历史联系性是明显的：在1947—1948年，离开了捷克斯洛伐克道路；60年代外国军队占领下的政治紧张；随后的1989年11月不严肃的和不透明的权力交接，交接给完全没有准备好政治纲领的反对派；直到21世纪第一个十年结束的危机等等。我们知道过去许多事实以及它们互相的关联。对未来我们可以进行讨论，提

---

① 指1948—1989年。——译者注

出了许多的方案，有的方案没有准确地说明，对另外一些方案大家也不太了解。

读者问：那我们从历史上来探讨一下……

大概有一点可以允许我来探讨一下。有许多在1948年2月之后发生的事情，我们显然是可以避免的。特别在1949—1955年之后，如国有化的程度，取消中小私有企业，政治审判事件中的非法现象，在社会中的镇压民主行动等等，正是在受到压力之后，放弃了原来安排好的走向新社会的捷克斯洛伐克的民主道路。

我要问：在我们的边境存在着强大的苏联武力和经济影响之下，我们的道路还完全能够取得胜利吗？

读者问：我想知道上面这个问题的答案……

对这个问题不容易找到简单的回答。但可能的是：在各人民民主国家建立新社会体制时，采用考虑民主特点的概念也许会影响苏联内部关系的安排。在后斯大林时代，在尼基塔·赫鲁晓夫时期，曾经存在过进行改革的讨论。事实是：在1968年，莫斯科的领导人用军事力量镇压了企图恢复1945年以后的走向社会主义的民主道路。但是没过几年，在波兰的强大的政治示威之后，当时的苏联共产党竟容忍了波兰的政治示威，没有出兵干涉，从而实际上结束了波兰的一党政治。那时候起，武装镇压对波兰社会的逐步演变进行压制就已经不被考虑了。

历史事实是：在1968年，捷克斯洛伐克共产党和捷克斯洛伐克社会的多数已经找到了内部力量，并表现出愿望和能力回到走向民主和经济繁荣的道路。遗憾的是苏联的军事占领及其后果，使所有的一切都勾销了。这样结束了捷克斯洛伐克走向社会正义道路的最后一次尝试。45年[①]的努力，在1989年年末，以失败而告终。

---

① 指从战后1945年算起。——译者注

第二章

在内务部的年代

读者问：许多读者的问题指向了一个微妙的议题——关于您在内务部长时期的工作。大家感兴趣的首先是：您对那时的国家安全委员会的活动要负什么责任，特别是对它的秘密活动部分。

我在 1961 年 6 月，被任命为捷克斯洛伐克社会主义联邦共和国的内务部部长，我熟悉了这个庞大实体的全部布局和情况，我意识到，在全部政府职能的范围内，权力的划分是不合理的。夸张地说，内务部部长对一切重要权力的执行有决定权。公安、秘密警察—情报和反情报、军事边防、民兵，包括民兵的武装部分、监狱、内务部督察、全部的侦查、新闻检查、对地区人民委员会的工作监察等等，都曾经属于内务部管辖。在决定和国家安全有关的问题方面，位于内务部之上的，只有共和国总统，总统是国防委员会主席。这里我还忽视了捷克斯洛伐克共产党政治局的关键作用。在捷克斯洛伐克政府范围内，内务部部长被赋予了不同寻常的权力，处于十分特殊的地位。这样将执行权十分不寻常地集中在政府一名成员的手里的情况，需要加以改变。这是我当时的第一个看法。

事实上，内务部部长的特殊地位是由于他是最高政治领导人的一员，如同在某些社会主义国家，曾经是这样形成的：内务部部长一般是执政党政治局委员。

读者问：在任命您当内务部部长时，您接到了您讲的这个任务了吗？就是说要改变内务部及其部长的地位。

当我接受内务部部长的职务时，没有得到任何的纲领性的任务，A. 诺沃提尼（A. Novotný）总统和 V. 西罗基（V. Široký）总理没有对我提出来。当我在1961年9月向总统提出来我对内务部的作用及权利的全部观点时，总统对此没有讲什么根本的看法，相反他还感到了相当的惊奇：新的部长怎么会有这些观点？在以后的几个星期，我已经肯定了我的基本方向。问题只是如何和何时进行这些改革？

这样，在1961—1965年，我在内务部工作期间，将监狱从内务部实体中分离出来，交由司法部负责；将军事边防警卫及军事反情报移交给国防部。在1965年之后，将新闻检查和人民委员会的协调工作划归总理办公室。在改组事务方面，我还建议从内务部移出内务部的督察办，督察办拥有广泛的侦查权力。我曾建议督察办的权力移交给总检察长，从根本上断绝和废除督察办和内务部的历史联系，特别是取消整个的各安全科室。遗憾的是，这个建议没有得到实行，这种不符合要求的状态到今天还存在着。

毫无疑问地可以说，这会影响国内十分重大的刑事案件的侦查的客观性。我自己明白了，为什么警察部门和秘密情报部门力求和督察办"相互靠近"。但是我作为一名宪法执行者，我有义务从根本上断开这两个部门的有害联系，因为考虑到这种靠近会影响起诉和辩护。在60年代，没有能够做到，就是我们在谈论的现在，也没有做到。

读者问：为什么？内务部的影响作为合法的空间直接进入了捷共领导人的内部？

我的主任秘书科玛莱克（Komárek）博士，瓦尔泰尔·科玛莱克（Valter Komárek）的堂兄弟，曾经诚恳地提醒我："卖掉"内务部的权力的部长，削弱了他自己在国家机构中的地位，他的部属也不会热情地欢迎

第二章　在内务部的年代

这样的部长，我难以置信，但科玛莱克上校继续说：“相反，您不要让对权力的关心过分复杂化。”这样我也不复杂化了。正由于那个时期内务部是神秘而不可触犯的，它是那时期政治安排中的恒星①，许多公众不知道，军官们可以在任何时候打开中央委员会的每一扇大门。

在新任部长的头几天和头几个星期，我大概了解一下各部门的工作和部门的负责人。我的思考中最关键的是侦查的整个领域，这方面至今集中在国家安全局的各个部门，我在大学法律系学过，在各国，特别是欧洲国家，存在着各种侦查事务的机构和系统。我也阅读过许多特别是关于50年代非法审判过程的材料，我深受影响，因此我曾经坚持整个侦查事务由检察院或甚至于新成立侦查法院来接管。然而对我的这个想法和打算，我的同仁，包括当时的总检察长约瑟夫·巴图舍克（Josef Bartušek）博士和司法部部长瓦茨拉夫·斯科达（Václav Škoda）都不赞成。然后在内务部，这样谈论起来：部长是来自法律系的大学生佬（我来到内务部之后，某些部内的斗牛士们这样称呼我），他大概是发疯了。侦查实务依旧像原来一样地进行。但是对国家安全局的这些活动，检察院显著地加强了一般性的监管。经验证明，这是最佳的解决方案。

读者问：1960 年 A. 诺沃提尼（A. Novotný）总统宣布的许多大赦，对内务部的工作起了什么影响？

1961 年中叶，根据总统大赦决定，内务部出台的一些措施进入了最后阶段。这是从 1945 年到 1989 年为止的时期中做得最多的大赦。诺伏提尼在形成他的这个著名的决定的同时，对一系列非法的或过严的法院和司法判决，亲自建议了纠正措施。我想，那时公众对此做了十分正面的评价。总统以及政府表示了非常明确的立场：首先消除 50 年代上半叶非法审判的后果，并在整个社会中严格遵守法律。我记录下了总统光荣的个人观点，

---

① 指不可缺少的，永远存在的。——译者注

我强调了这个文件的意义，他强调要纠正违法行为。我曾经是一名目击证人——我想是一次在布拉格城堡举行的集会或招待会上，总统和一群集体农业合作社社员谈话，社员们对党和政府的农业政策进行了批评。他们讲的是对主要农产品的收购价格太低的意见。总统不能完全拒绝，但是他力图解释党对农业已经做的所有事情。此外，关于50年代在成立统一农业合作社过程中的非法行为，总统特别讲到了他发布的大赦法令，大赦提供了平反一切冤案的空间。进行批评的社员们对此表示满意，但是总统没有答应他们修改收购价格。

读者问：让我们回到莱托纳①，请您讲讲您就任部长的最初日子。

当然，我用最大的精力详细了解内务部各部门以及其负责人的工作。我首先感兴趣的是公安部门，捷克斯洛伐克的公安机构曾经是最庞大的部门。在第二次世界大战后，有意识、有目的地建立起来的公安部是合理组织起来的、高效率的，在1945年，建立了警察和宪兵的基本队伍，他们曾经对纳粹是毫不妥协的。还是在60年代，我曾经常遇见许多战前有经验的刑事侦查警察，他们是训练新的年轻成员的好老师。

在60年代，整个捷克斯洛伐克公安部门的人数没有超过今天捷克共和国的警察总数。再加上当时国家安全局的成员，比今天的警察、情报人员和所有的市警加起来还少几千人。我的统计还没有包括今天的私人保镖和企业保安。

读者问：博士先生，关于这样的对比，您有何意见？

当然，大家把过去的体制称之为警察国家，那么在今天，为什么在治安方面有这么多的人数呢？结果是令人不快的。在过去的体制里，公安部门远远有效率得多。有人争辩说："今天的罪犯要狡猾得多，使用了最时髦的技术。"警察不也可以采用新技术？在过去体制里，谋杀案件如果没有

---

① Letna，内务部大楼所在地。——译者注

第二章　在内务部的年代

百分之百的侦破，那是十分罕见的。在最近的 20 年，谋杀案破获率降到只有 80%—85%。当然，今天的刑事侦查工作是很繁重的，我可以想象他们的工作条件。

整个的犯罪案件，在今天大约侦破率为 40%，而在过去至少为三分之二。今天最低侦破率是财产损失罪，只有 18% 侦破。就是说，在今天，在我们这里，大部分盗窃犯都没有受到惩罚，很大的损失几亿的案件都没有得到侦破，就如我已经讲到的，我们现在的治安部门人数是如此之多，而犯罪案件增加为过去的 3.5 倍，案件的侦破率降低至少三分之一。我不敢想象，也无法估计，财产的实际损失增加了多少，恐怕是好几倍。我们都知道，今天的普通老百姓是怎样地害怕充满危险的夜间街道。

还有一个说明：在 60 年代，我完全没有遇到过公安部门的贪污腐败。那时候，行骗和行贿有可能牵涉到检察官，甚至于法官，但是在今天，这已经是普遍的现象，我们那时候是没有的。

读者问：请讲讲那时的"黑房间"。

对我来说，在内务部里，最不熟悉和最复杂的秘密工作领域是由几个科室组成的捷克斯洛伐克情报部和军事反情报部。习惯上情报部直接由部长领导，而反情报部由副部长领导。根据我对秘密情报工作的知识，我对以前内务部做出的政府决定和命令（都是不能说出去的）没有做详细的研究。对于我来讲，重要的是掌握一些基本准则，根据这些基本准则可以对情报部门的工作做出基本的评估。高效率的秘密情报服务是国家政权不可代替的组成部分，其提供在正常国际接触中不可获得的信息，而在今天，也是普遍的做法，即使在友好国家之间，使用秘密情报服务是相互信任的，要知道作为伙伴的对方是如何对互相讨论过的问题做出反应的等等。

每一个政府总理常常会处于这样的局势下，有时候要估计所有的可能性，或者去具体地肯定一下。然而在每一种情况下，需要考虑有十分专业的情报服务。情报部门总是力图"保持"和那些具有最高权力的机关的秘密联系，这是公开的，政府内阁自然属于这种机关。

由于存在技术上的可能性，在今天要保护高度机密的决定以及战略数据等等是十分困难的，但仍然是可能的。这要求增加许多经费及相应的服务人员，但是这里起决定性作用的常常是有专业素养的人员，运转良好的机构以及整个情报部的各单位之间的正确合作。

那时，我总是力图在部长和各个情报科室的负责人员之间确立相互的信任，当我确定：告诉我的信息不准确或者是欺骗，或者是有意告诉我错误的信息，我会毫不犹豫地进行人事更动。在安全服务的所有部门，很重要的是高质量的干部队伍。而在情报部门，这个观点要特别放在第一位。我必须承认，正是在捷克斯洛伐克的情报部门，在这个秘密服务单位，我遇到了最好最专业的人员。在60和70年代，不少数量的高等学校毕业生正式来到了这里。

请你们看一看，每一名情报人员的主要任务是寻找信息。这在今天是最高的评价。关于在政治和军事领域的战略问题，特别是科学技术指标，几十年来，已经是每一名情报人员首先要探求的，关于这方面，今天国际上是公开讲的，同时，每一名情报人员都试图及时得到更准确的信息，为此目标，各国都拨出了以前难以想象的大量的财政资金。今天，最先进的电子、通信手段基本上都集中在各国的情报部门。

读者问：不久前在报刊上出现了这样的见解：说在您和您以后的部长任期内，这种活动是非法的和不道德的。但是我认为这些没有得到任何形式上的指责和控诉。

这样是不可能做到的。对日本在60年代的经济增长的分析包括这样的数据：日本工业的技术发展有四分之三以上来自各种形式的情报机构收集来的笔记。在各个世界展览会上，我们曾经看见许多的日本参观团组从左、从右、从上、从下、对发展出的新技术东西进行照相，这是合法得到

第二章 在内务部的年代

的信息，当然，今天用世界上几乎是可以容忍的合法手段采集到的东西显然更为珍贵。事实上，有某些人具有外交护照，在做情报工作时被某国逮住，并驱逐出境，有的被捕坐牢，但不久又被用来交换某国自己被对方逮住的情报人员，没有一个人为此炫耀，也没有一个人对此承认，每一个情报部门都在这个领域进行有目的的活动。成功的时候会受到表扬和赞许。所有一切都是很秘密进行的，因为一直被认为是非法的。大家全都在做，最聪明能干就能得胜。至今都是这样。全球化的进程会给这个领域带来无可置疑的根本变化。在科学和技术上的国际合作——唯一例外的是军事工业——带来了广泛的高潮。科学技术方面的情报刺探不会立刻从这个世界上消失。刺探到的信息会不断地更为珍贵，如果今天是黄金的价，那明天就会是世界上最贵重的钻石的价。

读者问：当然，新的捷克斯洛伐克共和国的政治机构多次宣称，他们将和过去的这些类似的活动保持距离。

在1989—1990年政治巨变之后，出现了许多未经思考的措施，也包括秘密情报领域。情报部门是执政者为了高质量、高效率地治理国家而必不可缺少的。需要很长的时间才能形成积极能干的情报部门及其人员队伍，要选择有天分、有才能的人，耐心地训练他们获得特殊的能力，仅仅完善的语言培训和详细的认识陌生环境就需要很长的年份。各国国内的每一次政变，通常都用某些方式来保留包括情报部门的秘密服务，当然最理想的措施是进行甄别和选择。用职业的有水平的情报人员去冒险，将他们全部解雇是不负责任的，有损于国家利益，要受到惩罚。在1989年之后，在捷克斯洛伐克发生了取消情报系统存在的事，这是低级的考虑和犯罪的行为。政变后的政府内阁认为情报活动对于新共和国没有必要了，这确实是新时代的捷克斯洛伐克共和国的"革新的"贡献。

在这个国家最近发生了这样的事：我的意思是指公布了捷克斯洛伐克情报部门的成员——军官及其合作者的姓名——这样的事情在今日世界上

是独一无二的。不仅是情报行动人员，还有合作者的姓名，在今天的文明国家中是极度保密的。在美国、英国和在俄罗斯，泄露这些信息是要被法院判以重罪的。相反，在捷克，官方欣赏并公布了一切，说人民有权利知道一切。也许是正好合适的，当信息可以自由散播时，人民也应该知道：在哪里和是谁，在我们这 20 年的民主时代，是什么人从哪里，拿去了几亿乃至几十亿的巨款？

读者问：现在我们换一个火辣辣的问题——反情报活动……

当我担任内务部部长之后，除了解决内务部的整个结构问题之外，我认识到问题最复杂，也最需要解决的部门正是反情报机构。在内务部的框架之内，有四个反情报处，其中三个反情报处从事平民领域，第四处是管军事反情报活动，对于为什么在内务部框架内有军事反情报处？我从有关的同事那里没有得到明确的答案。军队不属于我，原来归内务部管辖的边境军事警卫，我决定将之移交给国防部管辖。国防部部长博胡米尔·卢姆斯基（Bohumír Lomský）将军是我很熟悉的南捷克人，还是来自布杰约维策（Budějoviče）的同乡。他对我的把军事反情报处移交给国防部的建议不是十分高兴，但还是同意了。博胡米尔热爱军队，这曾是他的生活，但是后来没有什么问题，平静地离开了军队。他知道，我给他送去"多么好的礼物"。我要求所谓的独立专案组给我看评语，其中写道：他和军事反情报处的关系不是十分令人愉快。

稍微夸张点说：军事反情报人员（间谍）要和新入伍的新兵做谈话，没有想到这名新兵也会被载入合作者的名单里。反情报人员的合作者名单还没有结束。简单地说，我真的很高兴，因为无论如何解决了一个重要问题。

肤浅地看一看三个从事平民领域的反情报处的工作结果，毫无疑问可以说明，反情报人员过多，我建议撤销第三处，剩下的一处和二处减少人员，合并为一个处，所有的人，包括那些看来像我的朋友的人，都警告

第二章　在内务部的年代

我，只有那位眼光远大的柯玛莱克（Komárek）上校同意并夸奖这个决定，但是我以后碰到一些事时，他也没有责怪我，事情就是这样。关于对平民领域的反情报处作重大改组的建议，我当然提交给国家的国防委员会。这个依照法律规定设立的机构的主席，当时是 A. 诺沃提尼（A. Novotný）总统。在委员会的会议上，在我的解释发言之后，开始了对我的建议的粗鲁地攻击。不夸张地说，爆发了十足的呐喊。我从来没有在最高国家机构的会议上碰到过这样的际遇，在以后的年代里也没有过。

"什特劳加尔削弱了国家里的安全，给敌对势力敞开了空间！""内务部部长缺乏革命警惕性！""如果你的父亲还活着，他会感到很惊讶，他的儿子怎么会有这样的自由观点！"还有许多类似的威胁轰到了我的头上。我当时37岁，刚从农业部部长的职位离任，在那里，我经常遭受到相当尖锐的批评。有一次是缺少肉，然后是缺少土豆，而这一次对我确实是浓咖啡。A. 诺沃提尼（A. Novotný）作为主席，特别冷静，没有说话。只有 B. 卢姆斯基（B. Lomský）发言说，提交的建议，对他来说是可以接受的。其他人什么也没有说。在安静下来的气氛中，会议主持人要求我回答大家所提出来的意见，我当时没有完全平静，我对自己说：你是这里最年轻的，要好好对待长辈，但是我没有向这些最高层会议的成员们退让，他们显然并没有仔细看过我提交给会议的书面材料。

我很坦白地列举说，如果有哪一位认为解散一个秘密情报处，并且只减少大约110名人员就会威胁共和国的安全，那么我们问几个基本问题：国内的政治形势怎么样？社会是如何接受党和政府的政策，我们生活的哪一部分受到了敌对势力的威胁？我说明，我建议解散的那个处，在去年只核实了几宗嫌疑案件，而且都是口头过失，只能算是批评而不是诽谤。为了这些，我们要让数百名薪水不少的军官处于随时出动的状态？

我要求总统，批准这个建议。我请求他：如果他本人有什么动摇不定，希望先不要拒绝这个建议，让我们下一次再来讨论。在这种情况下，总统表现出符合自己位置的国务活动家，我仔细地做了准备，逐条分析了建议的本质，最后建议得到了通过。

读者问：这样说来，最后，A. 诺沃提尼（A. Novotný）迎风而上，站在改革这一边？

当我和总统告别的时候，他低声对我说："这下你认识到了，那些一直控制安全部门的人，手指有多么的长。这仅仅是50年代初期，我们遭遇的继续。"

他说的明显是指1949—1954年间的非法现象。这些话，这些思考，这些经过考虑的讨论都在提醒永远都不要忘记不久前50年代的非法。可以看到，诺沃提尼总统为这个国家做了许多好事。

读者问：您说这是一个难忘的时刻。什么时候又重现在了您的眼前？

在政治中，常有一些事情如此重复地发生。在70年代末，在捷共中央委员会主席团会议进行关于国民经济问题的讨论时，针对当时国内市场货物短缺和居民的不满意，我提出一份关于改革经济系统管理和计划的建议，A. 英德拉（A. Indra）指责我，而其他教条主义集团的成员们也同意，他们指责在60年代中叶，我解散了反情报处的一个处。那个时候恰逢国内市场的困难上升，居民的不满连带也出现，英德拉举出在一些领域货物短缺以及在国内市场的诈骗和假货，作为前内务部部长的什劳特加尔应该解释：减少经济反情报部门的工作人员是不是引起了在此时候负面现象的上升？这是把我看成敌人，有意地进行破坏，我很奇怪，总是只对经济问题感兴趣的罗伊扎（Lojza）会得出这样一个疯狂的想法。

阿廖斯·英特拉（Alois Indra）当然不是想反对什特劳加尔，减小反情报处是指减少人数，那时候，安全机构面对的敌对活动不多，那是另外的时期了，那次是1962年的国防委员会会议，而这次是1978年的捷共中央委员会主席团会议，会议主席是古斯塔夫·胡萨克（Gustáv Husák）总书记。正是被解散的反情报三处，曾经是在50年代非法折磨过他。胡萨克

第二章　在内务部的年代

非常明确地拒绝英德拉关于经济困难是敌人活动的一部分的意见，胡萨克说缩小反情报处非常好，只是有一个缺憾（正是古斯诺夫·胡萨克当时这样说的）：就是来得太晚了点儿。总书记接着说："整个时期我都在来自反情报处的侦查人员旁边，度过自己的'监狱的'自由，我现在不想再提起曾和他们一起经历了整整 9 年。"他深深地感动，静默了片刻。我想，我们，包括英德拉都在场，大家都在责怪，为什么引起了这场对大家都不愉快的讨论。

读者问：在您任职期间，您确实做了些什么？

改组各个反情报处只是我改革整个秘密安全系统的第一步。反情报处是按层次建立的，反情报处中心领导各地区、各州的反情报处。当然在布拉迪斯拉发，同样设立了斯洛伐克中心，领导斯洛伐克各地区及各州。大量的反情报处是在 1948 年 2 月之后建立起来，反映了当时这样的局势：在欧洲和在世界上处于最复杂的冷战时期。但是在 60 年代，我在内务部任职时期，条件已经比较有利，在不同社会体制的国家之间，关系有所改善。

那时我特别想：取消各州的国家安全局分局。我走访过几个州，我不想一一举名，所有的州都在我的南捷克地区，我核实了一些"似乎是秘密的"人员的工作，我做出上面的决定。有些活动我完全不想一一描述。在其中一个州，来了一位大家熟悉的、有一定知名度的、经过小品文描述的奥地利军队的逃兵，此州的国安局分局却对他无事可做，与此相关问题还有，根据警察法，这位小小的国安局分局的首长同时担任州公安局局长，要领导州公安局，而州公安局有 60—100 人。

读者问：他们在安全局工作中的表现怎么样？这些人是跟普通老百姓接触最多的。

表现不好，因为正常的维持秩序，交通管理和刑事侦查等都需要专业的人员，而那些国安局的领导常常不是这样的专业人员。另一方面，我回忆那个时代时深刻地记得，公安人员不仅都是刑事破案能手，像卡里伏达

（Kalivod）上校那样，而且还有许多无名的"小灵通"式的普通公安人员，他非常熟悉有关地点的地段、老百姓和存在的危险。他们没有一定的技术，经常要步行许多公里，但是他们很好地保证了老百姓日常的安全，因而有相当高的威望。我同样必须解决他们的地位和领导体制。

当我准备解决上述的两个互相联系的问题并和总统也是国家安全委员会主席商量时，他向我说："我曾经等待，你会带来某些相似的东西。然而我现在的意见是你再等等，这件事对许多人来说，是一杯过分浓的咖啡，他们吃不消，会带给他们困难。"当时就是这样，1968年我们有可能回到这个问题的解决上来，但是当时优先要准备战略方面的改革步伐。后来，军事占领破坏了所有的一切。

读者问：您曾经跟我说，您打算很严肃地讲讲秘密服务的合作者问题。

这还和我曾经有过的另外一个意图有关系。我在任部长时，看到那些未经挑选的人员名单，我记录下那些应该引起注意的地方，我认为不是所有都正常，我交给他们，让他们把名单审核一下。紧接着大家都和我说，这是不现实的，我们无法搞清真相。当我在1965年4月离开内务部部长的职位时，我明白了：以后再搞清楚国安局和秘密情报处的人员和合作者的名单，的确是没有意义的事。唯一可以起正面影响的是，新的寻找合作者的系统。这已经是继任的内务部部长的任务了。当我在最初的几个月，实际上也还是非常表面地了解各个处科室的工作之后，我得出的结论是：在内务部内部，需要进行程序上的、人员上的和组织上的变动，为此，5年的时间都可能不够。那时我抱着天真的希望：我的继任者会继续进行改革。遗憾的是，一切都是另外的样子。从1966到1968年，我的继任者J.库德尔纳（J. kudrna）又回到原先国安局的（从客观上看，也已经是过时陈旧的）目标和实践，A.诺沃提尼的重大错误是容忍了这种保守的回复。请允许我再作一点说明，在1968年8月军事占领之后，内务部各单位都作

第二章 在内务部的年代

了重大的人事变动。在1969—1970年，有数百名国家安全局人员，由于不赞成苏军侵略而离职。他们大部分是较高级别的军官，他们支持1968年开始的改革，他们的离职显著地削弱了，实际上停止了在安全部门应该进行的改革。然后，占主导地位的是：内务部关键部门的负责人用简单的、单方面的和教条主义的观点来看待社会的局势。这自然影响到在70到80年代不断复杂起来的政治情势。

现在回到您的问题。在1989年政治巨变之后，公布了安全部门的合作者名单，这件事大大损伤了警察和情报工作。没有通过各种渠道汇集起来的信息，大部分的警察单位都无法有效地开展工作。在任何一个文明国家，警察密探的名单都是极度保密的。那些最严肃的、志愿的合作国民在保密的条件下才接受任务。没有这样的保证，没有人会合作，也不能接受合作。安全机构的合作者，如果是公众知道的，从逻辑上说就不能再使用的了。

目前在捷克共和国，每一位合作者都必然会害怕公布情报机构合作者名单，就像切斯耐克（Česnek）先生，昨天是秘密情报拥有者，然而明天就成为公开的消息。似乎所有都是为了人权，需要同时指出的是：社会上大多数人认为，安全机构的合作者是没有品行的人，对他们用不恭敬的称呼——畜生，告密者……。根据我的信念，今天捷克的安全情报部门的严重问题是信息系统低效率。没有严肃的合作者就无法有效地揭露和觉察我国的犯罪活动。

读者问：对于秘密合作者问题，这是不是您唯一的保留意见？

我第一次说这件事。在1990年年初，新的内务部部长理查德·萨黑尔（Richard Sacher）决定，当然也取得了总统和新政府领导的同意，采取了一个不寻常的措施：针对某些特定人士，从个人资料的秘密记录中①去除

---

① 这是反情报处45年来形成积累的。

了数以百计的，有的消息来源说是数以千计的资料记录。

读者问：您知道是关系到哪些人吗？

是那些在政变之后，在新的政治、社会和经济安排方面，占据重要职务的人。在各国历史中，都知道在国家的政变之后，一般都采取这样的步骤，也就是说，国家体制在意识形态的政治本质方面发生变化之后，某些人突然站到了高位上，显而易见，新体制没有兴趣去公布关于这些人的生活、行为和思想的真实或不真实的信息。只有这样，才能够解释萨黑尔的措施。这些重要人士的资料记录是交给了有关人士还是另外处理，已经不是决定性的了，官方完全没有公布这些秘密措施。当然，在这里没有考虑一个重要的教训，即来自历史上的类似措施。非常天真地想，在80年代末，秘密情报部门的一系列军官们曾经设想过国内存在各种政治发展的可能方案，包括可能发生的现有体制的政治崩溃，对他们来说，什么是最合适的呢？把最重要的材料藏起来，对重要人物做记录，复制可能的新领导人物的言论及其他个人的材料。反对意见说，这些军官这样做是不符合现行规定的，是站不住脚的，这些秘密情报部门的人员的主要任务是保卫国家的安全，但是他们的精神状态是清楚的，在个人资料中的这样和那样的信息对于他们是宝贵的，要防止它们的丢失或者毁坏，他们感到有个人责任承担，保卫这些信息和资料以备将来之用。我们是生存在这样的世界上，存在着"秘密文件"的各种复制品，一旦有机会公开将会大大损害某些人士的公众形象，这些人都有20年高层政治的经历，这当然会击中他们今天已经非常低的信任度。

读者问：似乎是，即使时隔几十年，您也没有回避内务部的问题。

当内务部部长从岗位上离开，良好的习惯是永远关上身后的门，永远也不再回来。对于这个实体来说是合乎逻辑的。需要永远忘记那些秘密！那些牢牢隐藏的事实，它们是部长们在任时规定的。我也力图这样来规范我的言行，因此我也许不能完全地回答所有的问题。

第三章

关于可能和不可能的改革

读者问：那赫奇尔（Nahodil）先生想问您一个问题，您在《回忆与思考》一书中没有给出答案。他的问题是：在社会主义体制下，进行经济改革是现实的吗？特别在要保持捷共的领导地位的情况下。他自己的答案是："我认为不现实。"

让我从1968年开始说。那时在党和国家面前，摆着的是什么样的主要问题？最迫切的问题是我们国家中各种社会关系的处理，包括在整个政治体制框架内捷共的地位和任务。当时党的领导认识到，掌握这个战略转变是最复杂的任务，特别是那时面对着"布拉格之春"的具体条件。

1945年的科希策政府纲领包含了对当时多党派的安排。在1945年5月，在捷克土地上恢复了四个政党：捷共、社会民主党、人民社会党和人民党。在斯洛伐克除了斯洛伐克共产党，还建立了民主党以及两个人数较少的政治小组。在整个政党—政治的布局中保持多个独立的政党是尊重了民主的原则。实际上是保存了在社会中已经有的事实，而且在第一共和国时，已经被正面接受的、在纲领上有过交锋的各个政党。这样，捷克和斯洛伐克的选民们在议会和社区选举中，可以自由地选择各个政党提出的候选人。那时，科希策纲领在捷克斯洛伐克恢复了议会民主的概念，这个纲领是共同安排的纲领，适用于没有时间限制的历史时期。

遗憾的是，关于1941—1945年间捷克斯洛伐克在莫斯科的流亡政府圈子里如何形成这个概念，至今只存在一星半点的信息，不清楚是在怎样的人员接触中形成的？在形成制订捷克斯洛伐克未来的政治—社会布局的文件中，苏联的领导人有过什么样的影响还是没有影响？

至今能找到的信息都是间接的，经过好几手的。基本上没有关于直接参加重要问题讨论的人士的谈话纪实。至于伦敦流亡政府圈子中，有关这个纲领的基本的信息，好像不存在，我也无从得到。

读者问：参加当时讨论的人没有留下可靠的证言吗？

古斯塔夫·胡萨克（Gustáv Husák）在60年代会见了玛丽·西韦尔摩娃（Marie Švermová）夫人，她是扬·西韦尔玛（Jan Šverma）的妻子，她丈夫在斯洛伐克起义失败之后，1944年死于斯洛伐克山上。胡萨克几次向我讲述他们夫妇的意见和回忆，胡萨克在捷共里是有名的自由观点的代表，他总是讲，在莫斯科的流亡时期，参加会谈的人员普遍接受多党同时存在的理念，就像慕尼黑以前的捷克斯洛伐克那样。然而根据玛丽·西韦尔摩娃所言，在1948年2月事件之后，一切都从根本上改变了，原因是J. V. 斯大林（J. V. Stalin）强烈地干涉捷克斯洛伐克共和国（ČSR）的政治发展。

长期担任过克利门特·哥特瓦尔德（Klement Gottwald）的一位警卫也向我讲述了类似的信息。他是南捷克人，所谓的"布杰维策佬"，他参加过站在西班牙共和国一边的战斗，然后被关闭在纳粹集中营里。从1946年开始服务于政府总理，1948年开始给总统当警卫。他对我说，哥特瓦尔德在1948年2月之后，多次访问苏联领导干部，回来的时候，在最亲近的朋友圈子里，哥特瓦尔德表现出很不满意和明显的不同意。在那些时刻，他曾经表现出不寻常的神经质。大部分时候，当和苏联的领导人会谈之后，他和最亲近的同伴，开始非常激烈的争论。所有这些都证明，哥特瓦尔德从这些会谈中，得到了不愉快的信息。

读者问：哥特瓦尔德在解释民族阵线的新概念时，必定是也有了问

第三章　关于可能和不可能的改革

题。在 1948 年 2 月之后，捷共的传动轴起了变化……

简言之，根据新公布的斯大林的观点，1948 年 2 月，结束了捷克斯洛伐克的短暂的人民民主共和国时期。根据斯大林的说法，科希策政府纲领的起草仅仅是为了战后的最初几年的临时安排。随着 1948 年 2 月的政变事件，依照"普遍适用"并且硬加给我们的概念，我们国家进入指向建设社会主义社会的过渡时期。由于这个"历史"的判决，发生了许多根本性的变化。在 1948 年年初，在由州和地区党的负责干部参加的集会上，我那时已经可以听到不能理解的观点：所有一切在不远的将来都要不同了。这种观点虽然不是多数，但是对以下的不幸的政治套语的支持者说：唯一可能是经过证明的，经过多年考验的苏联模式，"苏联是我们的榜样"。但是没有去仔细研究它。不仅这样，没有任何的对我们的历史、政治、经济、文化方面的特点的考虑，苏联模式就直接引入到生活中。更不去考虑和研究这样做的效率怎样？成绩怎样？国民赞成还是不赞成？根本性的变化包括了政治、国家法律和经济安排等各个方面。

读者问：那么捷共是否也要改变？作为胜利了的人民领袖，从 1929 年开始，捷共就是布尔什维克化了，是不是应该更靠近苏联共产党的模式呢？

是的，没有什么特别。采取了基本的战术：党负责一切。根据这个原则，党的机关从上到下，空前地、无准备地扩大。推行了所谓的干部任命，逐步扩大到无可控制的程度。不仅是选定的机关，各个工作单位负责人也要经过考察和选派，这些工作单位包括所有的国家、经济、社会和文化生活领域。

简言之，党，首先是它的机构将从上到下的人事问题的决定都抓到自己的手里。这样就明显地增强了党的权力性。在这样的条件下，捷共工作了 40 年——这包括了中央委员会、地区、州以至各基层组织。党的工作不需要每天去面对政治上的反对派。所有的意见和问题都在民族阵线之内

"协调解决",特别是那里存在的"一切听话者"解决了所有问题。那么谁来检查在国家、地区和所有生活领域中党的决定呢？还是只有党自己一家。

读者问：捷共在存在着其他党派的情况下，如何对待这新的原则呢？苏共没有其他的党。

在苏联，只存在一个党：苏联共产党。将这个模式应用到捷克斯洛伐克的条件下是不可以的，社会的大多数是无法接受的。在外部强大的压力下，只能采取折中。但实际上，并没有做任何的折中。党的领导决定了新的选举制度：民族阵线提出的一张统一的名单，包括各个党派的候选人，选民只有两个可能性，或者是同意这张名单，或者是不同意，将空白的选票投入票箱。民族阵线成立时，曾经是捷克斯洛伐克共和国各政党的共同平台，而现在捷共拥有绝对的权力来决定候选人名单的组成，这样就保证了党的领导地位，实际上在国内只存在唯一的一个领导党。然后在1960年，彻底地通过了一部新的捷克斯洛伐克社会主义宪法，宪法上写明：捷共拥有领导的权力，也许也有领导方面的义务，这样，捷共可以不必考虑其他政治伙伴而独自做出决定，这样，党的领导地位，从形式上，也在国家的宪法中予以规定了。

读者问：这样，捷共实际上还是一个政党吗？

很好的问题。没有政治的主权，没有相互的交锋，政党就失去了自己的政治地位，失去了自己的可信任度。无法令人相信的是，使用自己找来的权力，根据自己的想法来进行治国。当然在内部也没有文明和民主，因为本身不需要讨论，不需要对各种意见的推敲。与之相联系的各种体制内的措施，如对人的评价和选拔，再加上离开了走向新社会的民族道路，这一切都是基本原因，结果导致了上世纪80年代末政权的崩溃，现代文明社会的生活是和这样的独裁相矛盾的，把权力这样地集中在一个党的领导人手里，势必引起社会问题不断增加和愈来愈扩大。这样的治国体制自然要

第三章　关于可能和不可能的改革

离开历史舞台。

读者问：让我们回到1968年。摆在杜布切克为首的党领导人的面前的任务，是党要回到原先的1948年2月政变以前的地位，在1948年2月政变以前，捷共曾经是和其他纲领不同的政党以平等的地位互相来往的。

我不打算讲幻想，也不想粉饰什么。1968年那时处于布拉格之春有倾向的纲领之下，那时是在有正常的政治主权的条件下，要去教会党的干部，包括党机关的工作人员，是超人的任务。我在布拉格之春的最亲近的朋友们吓唬我说："你意识到没有，你想把车开到哪里去？当你给某人以更大的权力，你被认为是值得夸奖的放牛倌，但是如果你对他们，特别是对党机关的工作人员，你想削弱他们至今在决定人事方面的、几乎没有限制的权力，你将是他们不共戴天的敌人。"这样事情将会很复杂化，特别是在那个波涛汹涌的布拉格之春时期，我们当时想，还是不考虑其他的方案。我们曾经想到，这样的改革和变动会遭到干部的不理解和本能的抵触。人们会很快的预感到工作体制的变化，接着就会要求人事的变动。对这些，我们遗憾的是并没有做好准备。在选举捷共中央委员会第一书记时，我们就犯了重大的错误，在这个时候，宣布进一步的重大的人事变动不是很明智，这只会更为加强倾向教条主义的干部的影响，他们一直在警告说，社会主义敌人在夺权。这样争吵总是解决不了问题。重组党和政治体制要求经过仔细考虑的步骤，这需要时间，但是又经受不起长时间的拖延。

读者问：那时候，实际在整个那40年中，曾经起作用的有一个著名的"理论"思潮，它在整个运动中完全不是唯一的。它的警句是：在议会民主的条件下，不可能取得社会主义思想的胜利。

拥护这种观点的大部分人已经不再回到早已被抛弃的"无产阶级专政"思想，但是明显地倾向于一党执政制度，这是在我们这里，从1948

年 2 月到 1968 年布拉格之春的执政特征。这个制度无论如何要坚持！这是他们的观点。驳倒、证明新的概念，转变党的地位，和他们没完没了地争论，最终是费力而无结果的劳动。"小伙子，我们相信你，但同样你完全说服不了我们。"就这样结束了。

为下一届党代表大会准备的委员会起草的材料反映了所有本质性的改革主题，都包括在 1968 年 5 月的党的地位和作用问题的纲领草案中，建议党代表大会进行进一步的根本性改革。首先规定从中央委员会到基层组织负责干部的任期，中央委员会总书记应该被选为最多担任两个四年任期。建议从中央到州实行秘密投票，基层委员会关于这方面的问题由基层委员自己决定，至于现在采用的干部任免方法自然不应该再继续下去。党以后仍然可以对人事问题提出自己的建议，如果是国家机关和其他公共组织，则在团结的框架下进行协商。

对所有这些有一点补充，那时候的气氛对于互相理解是很重要的，这种气氛今天人们已经无法想象。

在 1969—1980 年间，我们在适当的场合，力图通知苏共的或苏联政府的领导人，我们关于在国民经济中进行必要的改革措施的迫切性。在经济互助理事会（RVHP）中进行合作时，也进行过这类的讨论和咨询。但是进行题目为"放弃已经在实际中运作的党的领导作用"的谈话时，就立刻碰壁了。谈话结束之后，接着就来了没完没了的教训和带着听腻了的逻辑的讲课。

然后这个忌讳继续表现在 1968 年以后的党员甄别中。

读者问：稍微知道一点捷共历史的人都知道，各项甄别和开除曾经总是伴随着各种诽谤、个人争吵以及没有意思的责怪……您同意吗？

很遗憾，的确是这样。发生过许多啼笑皆非的情节。我国著名的外科医生，潘菲克（Pafek）教授的书描写过这么一件事，我念一段书中的文字，没有得到作者的同意，大概他会谅解我：

第三章 关于可能和不可能的改革

"我已经在布拉格工作,有一次我的父亲对我说:你看,在单位里,有几个人来找我(教授先生的父亲战前曾经是一名律师),说您同样要退休了,而他们需要向上报一定人数的被开除者,我们能不能把您算在被开除的人。我父亲向他们说,可以的,痛快地把我开除好了,但是你们必须要给我写一张书面保证,不会损害我的孩子。他们坚持说不能写这样的东西,这样我就没有算作被开除。"

教授先生接着补充说:"他们什么都不能做,他们没有任何反对他的证据。"

我可以肯定,在各种个人的甄别时,大都是这样进行的。来自中央、地区和州的党机关的所谓的健康力量简单地分配定额:多少党员应该被开除或除名。

读者问:今天听起来是不可想象的……

听起来?但这的确是1969—1971年的历史,它的结果是不愉快的。差不多,有60万名党员离开党,大大地削弱了改革力量。站在莫斯科一边的教条主义集团,在党中央主席团内占多数,遗憾的是,他们在做决定。在布拉格之春时期宣布过的,要求迫切改变党的地位和任务的各种打算,都成为泡影。

第四章

再谈谈古斯塔夫·胡萨克（1969—1989 捷共总书记）

读者问：许多读者对您关于古斯塔夫·胡萨克的详细看法很感兴趣。您在您的书中写了整整一章，但是读者们想，有些地方您回避了——特别是避开讲这位历史人物的本质。这点他们误解了吗？

这是观点的问题。但是如果大家想多知道一些，我们可以回来讲讲胡萨克，我们从一个重要的特征说起：他是一位经典的"均一政治家。"① 从他在青年和大学生运动中的政治活动开始，他就献身于建设社会正义的社会的事业。在斯洛伐克各城市，特别是"农村的失业"、"众多居民的贫穷"等等都是年青的胡萨克在刊物上或集会上发表的公开言论的课题。他受过良好的教育，智慧机敏，在政治圈子里赢得了许多朋友。他能够很快地对现实的政治问题做出反应。他出生于一个贫穷的家庭，父亲曾在采石场、石灰窑工作，后来又在南斯洛伐克和奥地利的几个大城市打工，第一次世界大战受伤返乡。胡萨克的母亲在 1914 年，生下胡萨克之后的一年去世，这些，我在写这本书时，又重新核实了一下。

胡萨克在 1925 年到布拉迪斯拉发（Bratislava）的马萨里克中学上学。他是来自只有一千名居民的小村—杜博拉夫卡（Dubravka）的一个三名男

---

① 始终如一的政治家。——译者注

第四章 再谈谈古斯塔夫·胡萨克（1969—1989 捷共总书记）

孩的家庭，他是三名男孩中唯一的上中学的一名。他的学费和生活费要靠给有钱家庭当补习教师来维持，假期要到工厂去打工。当他有时向我讲到自己的年青时代，他总是喜欢回忆那时候自己的许多的"半老师"生涯。他补习的孩子的家长，都很好地照顾他、款待他。

在历史上，他的杜博拉夫卡的家庭中，他是第一位在高中毕业以后，又获得法学博士学位的孩子。然后，他被接受为布拉迪斯拉发（Bratislava）克雷门蒂斯（Clementis）律师事务所的见习律师。

克雷门蒂斯是一位左翼知识分子，捷共党员，在斯洛伐克的公共生活中是一位有影响的活动家。在第二次世界大战之后，被任命为外交部扬·马萨里克（Jan Masaryk）部长的副部长，在部长去世之后，他在 1948 年任外交部部长。在这个职务上，他一直做到 1950 年 3 月，由威廉·西罗基（Viliam Široký）继任。1951 年 1 月，克雷门蒂斯被捕，在 1952 年 11 月的非法审判中，以所谓的鲁道尔夫·斯兰斯基（Rudolf Slánský）为首的叛国中心案件审判中被判处死刑。

胡萨克年少时就倾向于"左倾"思想。1929 年，当他 16 岁时，就参加了共产主义青年团。1933 年他 20 岁时，成为捷克斯洛伐克共产党党员。他属于这样的一代：抱着无限信心参加苏维埃联盟的政治活动。

还是布拉迪斯拉发中学学生时，他就是学生自治会的干部，他写了庆祝 10 月 28 日 28 周年和 T. G. 马萨里克诞辰的发言和文章，为此他得到了校长的赞扬，稍后，他给"达夫评论（Revue Dav）"写文章，围绕达夫评论的是一群斯洛伐克的左翼知识分子①。

读者问：你关于胡萨克生涯的详细叙述，大家很感兴趣，但是这中间好像少了一个内容，稍迟的时候多次讨论过的这个问题——和捷克人的

---

① 达夫评论以倾向共产主义而著称，在 1924 年到 1937 年出版，半月刊，它的主要代表人物是 E. 乌尔克斯（E. Urx），V. 克雷门蒂斯（V. Clementis）和 L. 诺沃曼斯基（L. Novomeský）。——原编者注

关系？

我有很多证据，在 30 年代下半叶，胡萨克是如何正面评价捷克斯洛伐克是在东欧唯一保持民主性质的国家。另一方面，他当然也批判爱德华·贝奈斯（Edvard Beneš）的民族政策——忽视了两个平等权利民族的存在。他的"关于民主性质的国家"观点①，在 1978 年，他作为捷共总书记和捷克斯洛伐克社会主义共和国总统，在政治局讨论为纪念共和国成立 60 周年而准备的材料时，实则捍卫了自己的观点。胡萨克和其他两名政治委员，佐洛特卡（Colotka）和什特劳加尔（Štrougal）捍卫我们在慕尼黑之前的共和国是民主性质的观点，这些特别可由当时中东欧的政治地图来证明，而大部分的捷共中央委员会主席团委员坚持相反的观点。他们的观点以捷共中央委员会 1958 年的文件为准，这个文件是在 1958 年纪念共和国建国 40 周年时，在各地区和州的党的集会上宣读过的。我承认在 1958 年时，在南捷克地区"示威集会"上宣讲过，但并不意味着，我甚至到死还必须坚持错误。在那次捷共中央委员会主席团会议之后。G. 胡萨克邀我举行了一次会晤，会晤中他激动地说："卢博日（Luboši，Lubomir 的爱称——译者注），当这个机构、主席团完全不了解在资本主义国家的民主安排时，你想怎样去实施各种改革？他们说那里只有资产阶级的民主。而我们还是要努力将民主与社会主义思想相联系起来。关于民主的概念，只有我们共产党员——更确切地说，只有共产党干部——是不能理解的。"同样的，他的平衡两个民族之间的关系的努力，也没有得到重视和拥护，而是长期被搁置了。

读者问：当然，经常被人们想起来的是，他在斯洛伐克人民起义时期提出来的斯洛伐克合并入苏联的建议。他真的是这样认真地想吗？

自然，在第二次世界大战期间，胡萨克是抵抗基斯（Tis）法西斯体制

---

① 1918 年建国的第一共和国。——译者注

第四章　再谈谈古斯塔夫·胡萨克（1969—1989 捷共总书记）

的战士。他当然不同意将斯洛伐克从整个捷克斯洛伐克共和国分离出来。作为抵抗运动的成员，他曾经数次被监禁。第一共和国和斯洛伐克（Tis）时期的议员巴维尔·恰尔诺古尔斯基（Pavel Čarnogurský）的儿子，扬·恰尔诺古尔斯基（Ján Čarnogurský）法学博士谈到过斯洛伐克共产党人和斯洛伐克傀儡国的法西斯分子的特殊关系。拉佐·诺沃曼斯基是斯洛伐克著名诗人、克雷门蒂斯及胡萨克的朋友，同时又是斯洛伐克国内务部部长山·马哈（Šaň Mach）多年的好朋友。斯洛伐克共产党知识分子胡萨克和诺沃曼斯基的不寻常的关系在以后的 50 年代下半期的审判案件中起了一定的作用，在那些案件中他们的战术和起义中的活动被解读为叛变和怠工。我再举另一个事实：与那时有关的，1944 年抵抗运动战士的领导人，在比较长的时间里，陷于孤独的状态。从伦敦，还是从莫斯科的流亡集团都没有来过必需的指示和消息。他们感到似乎是被遗忘了，似乎是没有人来考虑他们，他们对此情绪十分激动，就转向莫斯科，要求斯洛伐克作为苏联的一名成员，他们在声明中宣布："有必要使斯洛伐克人将从阿什（Aš）到符拉迪沃斯托克（Vladivostok）都看成是自己祖国的领土。"做出这样过分的声明是太轻率了，没有任何人对声明做出反应，最终也就废止了。在政治上经常会是这样，昨天曾经有过，今天也会有。

　　读者问：尽管如此，在那个对胡萨克非法审判的案件中，他同样被指控为要对捷共在莫斯科的领导成员扬·西韦尔玛（Jan Šverma）的死亡负有共同责任。这仅仅是进一步的借口，还是合理的论据？

　　那时，西韦尔玛从莫斯科被派来帮助组织斯洛伐克人民起义，在起义失败之后，从班斯卡·比特里斯察（Banska Bystrica）的政治和军事中心撤退的唯一可能的道路是经过低塔脱拉（Nizká Tatra）高山，这次护送西韦尔玛撤退的战斗小组在大风雪中遇险，经过一切努力都没有能阻止最坏情况的出现。G. 胡萨克对这次事故完全没有关系。在起义队伍撤退的长途行军中，胡萨克离当时发生事故的地方有许多公里。

在战斗之后，每一个人都是大将军，随着时间的推移，可以提出一个问题：怎么会做出这个决定？为什么正好是扬·西韦尔玛被派到斯洛伐克来，那里可能发生各种各样的危机状态。大家都知道，他的健康情况不好，患有严重哮喘，总之是不强健。在这样无法想象的山区的艰难行军中，又遇到了暴风雪，大都是不可能活下来的。

还有一个重要的说明：西韦尔玛在捷共的领导成员中，属于工作效率十分高的，有教养的人员，他对解决问题的自由主义措施常常受到领导层中左翼激进分子的批评。现在回过头来看看战后的历史，可以得出这样的结论：包括第一共和国时期政治上反对他的人也称赞西韦尔玛的民主的观点和作风，在二次大战后，在捷克斯洛伐克共和国形成政党方面，就很缺乏他的这种作风和行为。

读者问：胡萨克写的关于斯洛伐克人民起义的实录，最早是被夸奖的，然而在 1989 年以后，这本书被指为歪曲描写历史事实。你们曾经谈过这本书吗？

许多次，我可以说，和其他一些书不同，我的确是详细读了。我非常感兴趣。因为这本书详细叙述了起义的准备、过程及最后的失败。在这本书出版之后，作者面对的批评是：在他的书中，其中一条好像只是共产党的事，而不是斯洛伐克人民。在 1968 年以后的讨论中，我和他一起参与的，他正面接受了这个批评。他一方面断定：无可争辩的是，共产党掌握了起义的准备，在起义过程中担负重要的任务，但是在战斗中起决定性作用的是普通的斯洛伐克爱国者，不论他们是什么政治倾向。他在一系列自己的讲话中，也讲了这些事。

还有一件起义中的事，值得在这里说一说。胡萨克在通过山区之后，在一个山下的村落里避难。次日早晨，村落被纳粹兵士占领，他当然没有带可以证明他的确居住在这里的居住证明文件，因为掩护他避难的家庭受到了被判死刑的危险，他决定离开这家。在街上他被德军挡住，问他，你

第四章　再谈谈古斯塔夫·胡萨克（1969—1989 捷共总书记）

在这里干什么的，胡萨克会说极好的德语，他回答说他经过这里，已经被检查过了，他的完美的德语拯救了他的生命。

读者问：我们再回到他的关于共和国安排的真实观点上来。他的确不是一位民族主义者吗？正像在许多时候责备他（是民族主义分子）那样。

我想说的是，在不同的时期，民族问题完全在观点上有不同的概念。对这样的怀疑，我自己在1968年也问过他。当时，我们俩人都是奥尔德日赫·切尔尼克（Oldřich Černík）内阁的副总理。我问他："副总理同志，你现在带来了联邦制的新安排，但是在以前你是赞成另外形式的安排的。"我们当时在切尔尼克内阁刚组成之后，还没有互相用名字来称呼。他有点挑衅的回答："什特劳加尔同志，我在布拉格，很遗憾地遇到大家都知道的关于胡萨克遭到斯洛伐克资产阶级民族主义的审判案件中的一切可能和不可能的事。但是关于捷克人和斯洛伐克人之间的民族安排问题，我从我政治活动的开始，就抱着什么观点，布拉格的许多干部以及普通老百姓都不知道。"

从目前能看到的各种以及未公布的档案可以说明，胡萨克从他政治活动的开始，就保持这样的观点：在联邦的原则上，摆正两个平等的民族——捷克人和斯洛伐克人之间的关系。但当联邦安排在捷克方面碰到阻力的时候，他提出下列原则来作为折中："斯洛伐克是捷克斯洛伐克的一部分，在其中具有高度的自治。"他发表的这个见解，在1945年3月讨论产生捷克斯洛伐克政府和他的科希策政府纲领时被接受了。哥特瓦尔德那时不赞成联邦安排。捷克人对这样重要的安排还没有准备好。结果是捷克和斯洛伐克之间的关系的安排不合理，因而引起了不必要的矛盾，一直到安托宁·诺沃提尼（Antonín Novotný）时期，一切还是没有通过另外的概念。在1960年，当准备著名的"社会主义宪法"时，约瑟夫·列纳尔特（Jozef Lenárt），那时的斯洛伐克共产党中央委员会第一书记和最接近的同事们商量（我有幸也包括在这里面）为什么不建议在这部的宪法中作些变化呢？那时斯洛伐克领导人，捷共中央主席团成员巴茨莱克（Bacílek）、戴维特（David）、胡其克（Chudík）以及其他人对这种考虑都激烈反对。同样，以 A. 诺沃提尼为首的大部分捷克的主席团成员对捷克和斯洛伐克之间的联邦安排也不做考虑，而在 1960 年 5 月，通过联邦安排在宪法中得以实现，这在历史上是标志性的和 G. 胡萨克个人相联系的，因为正好在那时候，他在几乎十年监禁之后被释放。

读者问：我们当然知道，胡萨克被大赦释放出狱，还远远不是意味着他的政治回归。那时捷共领导层害怕胡萨克吗？

这就比较复杂了。在第二次世界大战之后，1946 年 5 月的第一次议会选举，在斯洛伐克，民主党得到了差不多三分之二的选票。这次选举之后，在捷克各政党和斯洛伐克领导人之间，经过复杂的谈判后签署了所谓的"第三次布拉格协议"。从那时开始，斯洛伐克人民委员会的所有决定都要经过布拉格政府的批准。斯洛伐克的官员也受各个部部长的领导。这样的措施反映到布拉格政府和斯洛伐克机构的决定之间，有许多不一致和矛盾。例如：斯洛伐克人民委员会在 1945 年就决定，根据所谓的贝奈斯法令，将匈牙利族的居民从斯洛伐克迁移到匈牙利，整个复杂的运作是由内部指定的机构进行的，这个机构当时由 G. 胡萨克主持，涉及几乎 30 万人，但是却没有和匈牙利相关机构妥善谈好，也没有和苏军的领导谈好。苏军马林诺夫斯基将军，后来是元帅，在几十万"斯洛伐克的匈牙利人"涌入匈牙利时决定停止这种迁移，而且立刻将所有的移民回归斯洛伐克，回归自然遇到了不可克服的困难，此外某些房屋也已经被新的居民占据了，这不但反应在居住在斯洛伐克的匈牙利家庭，而且影响到捷克斯洛伐克和匈牙利之间的国际关系。还有其他的从政治不平等引起来的问题——在布拉格一边最后的控制者是哥特瓦尔德，在布拉迪斯拉发，起决定作用的是民主党。

读者问：这些今天都已经是被忘记的历史了，也正是这些问题成为在

第四章 再谈谈古斯塔夫·胡萨克（1969—1989 捷共总书记）

政治审判中控诉 G. 胡萨克的基础。您关于这方面有某些新的消息吗？

如从档案中了解到，在 1949 年 5 月，安全机构就开始收集和形成关于胡萨克各种材料、诽谤、无根据的说法，大部分都是不正确的信息。其目的是为使他政治上名义扫地。今天根据客观上核实的信息，在这方向上起主要作用的，而且全力支持的是那时的捷共总书记鲁道尔夫·斯兰斯基（Rudolf Slánský），稍后，还有胡萨克在斯洛伐克人民起义期间的同事，后来的内务部部长卡罗尔·巴茨莱克（Karol Bacílek）以及斯洛伐克中央委员会主席威廉·西罗基（Viliam Široký）等人。

对 G. 胡萨克（G. Husák），拉齐斯拉夫·诺沃曼斯基（Ladislav Novomeský）及弗拉基米尔·克雷门蒂斯（Vladimír Clememtis）的公开批判是在 1950 年 5 月斯洛伐克共产党党代表大会上由西罗基的发言中响起的。他们这个集团第一次被戴上资产阶级民族主义的帽子，批判他们错误地解决民族问题，反对党和国家的中央，在干部政策怠惰贯彻阶级路线等。在此次党代会上，在这个悲怆性的紧张情况下，胡萨克作自我批评式的承认：在某些自己的决定或裁决中有欺骗行为。但这自然没有什么帮助，1951 年 2 月 6 日，胡萨克直接在斯洛伐克共产党总书记斯特凡·巴西托范斯基（Štefan Baštovanský）的办公室被捕，这位总书记同时还是胡萨克从国家安全局开始的同事，胡萨克讲过："在那里，三名男子用来复枪指着我，说根据安全部部长的命令逮捕我。在我手上戴上手铐，蒙着我的眼睛，带到不知什么地方。这样，我告别了贡献自己生命 20 年的党和公共的工作。"

读者问：很多文件很清楚地说明，胡萨克冤案及其准备，在相当大的程度上是操纵在苏联顾问们的手里。甚至于我们可以非常可靠地说，他们的导演实际是斯大林。当你们以后共同谈话时，胡萨克认识到这个关系了吗？

完全确定的。一切都是按照"被确证的"多次反复使用的剧本来演出的。在他被捕 14 天之后，在捷共中央委员会上被撤销了中央委员以及一切职务。他们还对他的妻子马格达（Magda）施加压力，要她控诉自己丈夫的罪行，并和他离婚，她拒绝了，但被迫必须离开导演的工作。胡萨克被监禁了差不多十年，一直到 1960 年 4 月。其中超过 6 年是单独监禁，严格地孤立——在班克拉茨（Pankrác），柯罗捷依（Koloději），鲁秦尼（Ruzyn），莱奥波尔道瓦（Leopoldova）及在米罗法（Mírova）不论怎样，导演们制服不了他的坚韧精神，他不承认对他的任何控告，虽然在某些时候——由于残酷折磨的结果——签字承认了某些部分，第二天又予以拒绝。这样，实际他是唯一一位被控告的政治领导人中的政治犯，在法官面前不承认侦查官对他的指控的事实。他的道德力量简直是独一无二的，他的勇敢品质引起了大家的惊奇。即使在侦查官中，他也被给以"铁的古斯塔夫"的绰号。我在 1961 年任内务部部长时，亲自阅读过 G. 胡萨克案件的材料，那时对他施加了难以置信的种种残酷折磨。在 500 天的监狱关闭中，只有一天放风，而且只有十分钟。

然后在 1954 年，在被逮捕的三年之后，进行了不公开的审判。他拒绝辩护律师，自己辩护，驳斥了检察官所有的指控。他自己提出的证人，被拒绝召唤到庭，他被判无期徒刑。但是知道，对他原来准备的判决是死刑。他的立场是：拒绝，不承认，驳回全部不实的指控。这样，就不能让法院根据当时的习惯做法，先要在大众中进行公开讨论，然后再宣布绝对的判决。这样，只有，也只有他自己挽救了自己的生命。他的精神道德是如此的完美，是不能用言词来评价的。

读者问：经过所有这些，他还是继续留下来作为共产党员。恐怖手段没有震撼他的信仰吗？即使是施加了皮肉上的吓人手段？他想过那只是偏离了体制，否则就会一切正常？

我这里有他从监狱中写给中央委员会的信的摘录："在我心中只存在对共产主义思想的力量和纯洁的深深的信仰。我深信共产主义运动会度过

第四章 再谈谈古斯塔夫·胡萨克（1969—1989 捷共总书记）

这个时期，会揭露这个悲惨的偏离，然后我的名字及其荣誉会获得澄清。"这样的一些信他陆续写了好几次，然而他没有得到纠正不法状态的答复。只是到 1960 年 4 月，在大赦的基础上，释放了他。从监狱出来，他当了一名工人，稍后转为职员。真正的平反是在 1963 年，最高法院 1954 年的判决被宣布全部撤销，G.胡萨克恢复党籍，并开始在斯洛伐克科学院国家与法律研究所工作，在以后的年代，他在斯洛伐克出版了"关于国家安全局（SNP）的证词"，但在捷克地区，对此保持沉默。

读者问：许多人说，安托宁·诺沃提尼（Antonín Novotný）害怕胡萨克。您对他们两人都很熟知，那实际是怎样呢？

我和诺沃提尼对胡萨克没有谈过很多。明显的只有在 1962 年准备对他的案件进行核查的时候，谈的较多。事实上是，在 60 年代，胡萨克逐步成为捷共内部主要的改革派人士之一。他在布拉迪斯拉发市大会上发言，其基本思想成为即将来临的 1968 年党代表大会纲领的内容：在党内和社会上加强民主，改革国民经济的管理系统，对 50 年代的非法冤案作出结论以及实行共和国的联邦制。

然而最初并没有考虑使胡萨克进入公共生活，这是一个严重的错误。在他被监禁之前，自然更在他被释放之后，他是在斯洛伐克的最有能力和最有经验的干部之一。合乎逻辑的是，他戴着非法折磨监禁的不幸的"光环"，由于他当然掌握了对自己很重要的党和国家的职务能力。他被全面地为公众所接受，被寄以很大的希望。1962 年年底，他属于在斯洛伐克地区的领导人物之一，自然成为捷共中央委员会第一书记的候选人。经验、能力以及他的远见和具体的改革思考提供了确实的希望；他也许可以制服 1968 年的所有圈套和陷阱，然而，当时亚历山大·杜布切克（Alexander Dubček）对这些，由于毫无考虑而堆积起来的险情，绝对地是束手无策了。

读者问：当然是实现不了的。诺沃提尼尝试过消灭胡萨克吗？他意识到胡萨克的威望和他的非正式的影响吗？

在60年代中叶，党的领导人委任捷共中央委员会书记弗拉其米尔·柯茨基（Vladimír Koucký）和胡萨克谈他的工作安排问题，向他建议财政部副部长或者司法部副部长。他在非法被捕之前，担任中央政府特使署主任，是斯洛伐克的最高领导人之一，他没有接受这两个建议。他作为党的普通党员继续在各种党的和公共的集会上演讲，批判地评价国内的政治和经济形势。那时的媒体对G.胡萨克的演讲，没有在捷克地区公开发表，在斯洛伐克地区也非常少。这样自然提高了G.胡萨克的非正式的知名度，不仅是在党内，特别是在广泛的公众中。我曾经读过他的演讲，我的结论是他的演讲带着平民主义的倾向，就像有些观察家所对他的演讲定性那样，具体的论证，批评党内和社会上的各种现象，批评各位最高领导人……。得到人们的接受，认为是合乎愿望，同时也是对国内现有局势的迫切反应。

读者问：在1967年年底，政治危机达到顶峰。可以说，这是胡萨克真正回来的新空间吗？他力图利用这个气氛，还是只是在等待着？

我想，他很懂得那个转折的时刻。而且他很快地看到了，他的声望和他的呼声完全自然地会回到以前，会到达政治的顶端。这已经被历史证明了。1968年1月，A.诺沃提尼离开了捷共第一书记的职务。代替他的是杜布切克（Dubček）。1968年3月，A.诺沃提尼辞去了总统职务，由军队将军卢德维克·斯沃博达（Ludvík Svoboda）继任。而在1968年4月，以约瑟夫·列纳尔特（Jozef Lenárt）为总理的内阁也辞职了。

1968年4月7日，星期日，共和国总统任命了以奥尔德日赫·切尔尼克（Oldřich Černík）为总理的内阁。

广泛的人事变动是必需的，迫切的，没有这些变动就完全不可能考虑任何的改革。

然而很快就表明，在那个困难的条件下，新达到党的最高位置上的A.

第四章 再谈谈古斯塔夫·胡萨克（1969—1989 捷共总书记）

杜布切克经受不起考验。人们经过短时期就明白了，第一书记没有讲讲关于改革步伐的基本思想，也没有深信不疑地表达，并且令人理解地说明引导他们走向生活的复杂道路。太多没有向人们说明"我们要加强民主的社会主义"这样的普通声明。然而也不能掩盖，在当时这种形势下，杜布切克的令人好感地显示出来的领袖魅力，正面地支持了在捷克斯洛伐克社会主义共和国进行改革的努力。

在组成新内阁时，组阁总理切尔尼克建议由 G.胡萨克担任内阁副总理。但是在布拉迪斯拉发的斯洛伐克共产党中央委员会和在布拉格的捷共中央委员会第一书记都没有提出这样的建议，只有通过切尔尼克坚韧不拔的再三恳求，并且提出理由说 G.胡萨克将负责准备捷克斯洛伐克联邦制的宪法法律的方案，才得以通过任命这位著名的人物安排进入副总理这个宪法职位。

在 1968 年 4 月 9 日，通过向共和国总统卢德维克·斯沃博达的宪法宣誓之后，我第一次和同为副总理的新同事进行个人接触。在以后的 20 年中，相互的理解伴随我俩的共同工作和我们相互的个人关系。

这在我国历史上，不寻常的复杂的年代，在 1968 年 8 月之后，长达数十年，自由决定的空间受到特别的限制。

读者问：我们还是停止在"1968 年 8 月之前"的时期。那时胡萨克怎么样？

他注意观察 1968 年春天和夏天捷克斯洛伐克政治舞台，不仅是正面的特点，还有负面的打击及效果，他意识这种发展的可能悲剧性的出路，在这个出路上，就想以后显示出其特征来——"在堆积起许多问题之际，并没有复兴和民主的过程在概念上给以调节和踏实的加以疏导。党目前开始允许猛烈地、自发的社会运动，在运动中，一方面给多数献身于社会主义的人们以正面的积极性，给他们以空间进入政治生活，另一方面，也给反社会主义的力量以机会，还有各种党内的机会主义集团也乘机活动起来。"

关于这些意见他在 1968 年 7 月底想跟 A. 杜布切克在其布拉迪斯拉发的寓所交谈，但杜布切克不想和胡萨克浪费宝贵时间，让他在前室等着，杜布切克自己在邻室观看体育比赛的电视节目，然后不想和胡萨克谈太多话，他并没有严肃地考虑胡萨克的警告。

读者问：我们现在谈胡萨克已经显著上升的日子里，他成为第一等的"政治大牌"。某些历史学家断定，他毫无顾忌地利用了苏联及其盟国的联合入侵……

首先，G. 胡萨克将五个华沙条约成员国的军队入侵捷克斯洛伐克社会主义联邦共和国看成是悲剧性的一步，不仅是对于我们，也是对于苏联和西方的共产主义运动都带来了远远更为广泛的影响和深刻的后果。胡萨克作为捷克斯洛伐克政府的代表陪同共和国总统 L. 斯沃博达到莫斯科会谈，抗议华沙条约军队的入侵，最后胡萨克接受了大部分与会党和国家领导人的观点：需要找出双方都能接受的出路。勃列日涅夫（Brežněv）为首的苏联领导人明确表明意见：从我们方面单纯抵抗解决不了任何问题，他们答应：在捷克斯洛伐克社会主义共和国局势平稳之后就立刻撤军。结果在妥协之后，签订了莫斯科协议。胡萨克在 8 月间，在布拉迪斯拉发的斯洛伐克共产党代表大会作了著名的讲话。在此次大会上，他也被选为斯洛伐克共产党中央委员会第一书记。

军事占领并没有给国内带来政治平静，相反，符合逻辑的是：因而引起了更严重的党内和社会上的紧张、骚乱和示威。在 1969 年 4 月，客观上要求 A. 杜布切克离开捷共中央委员会第一书记的职务。G. 胡萨克被选出接任这个职务。新的第一书记正如某些今天的评论家所断定，有意识地不离开布拉格之春的纲领。他要将民主和国民经济的改革真正的引入实际生活，并且在 1969 年之后，继续作为党和国家领导的主要战略任务。

读者问：当然从今日的观点来看，事实上你们全体在他的领导之下，实际上放弃了改革的尝试。

第四章 再谈谈古斯塔夫·胡萨克（1969—1989 捷共总书记）

然而，事实上的发展是有点不同的，1968 年 10 月 28 日通过了联邦法，这是政治上无可怀疑的成绩，联邦制是 G. 胡萨克在 60 年代就支持的，而在 1969 年 4 月他被选为捷共中央第一书记之后就付之于实施了。今天，在政治剧变之后，出现了这样的说法，说联邦制正好形成了两个国家（指捷克和斯洛伐克在 1993 年的分离——译者注）的分离，然而这场戏的导演们不要认为这个联邦法是以复辟资本主义为前提的，也不是为了鼓励民族主义情绪的目的下而形成的。古斯塔夫是一位有经验的国务活动家、政治家，他懂得，那时我们国家是如何处于莫斯科的监护之下，胡萨克参加过莫斯科的谈话，很清楚地记得，什么地方，什么样的论据会由那里的谁发出来。因此他花了最多的时间在探找什么的道路和谈判方式，使我们逐步地能够在生活中，引入基本的、大部分社会阶层能够自动支持的改革战略。他在担任党的最高职务的最初几周内，已经意识到原来思考的时间进度是苏联方面不能予以接受的。他和最亲近的同伴决定了工作步骤的战术，时间进度计划在五到十年。

读者问：胡萨克他的确想过，用放慢步伐能够保护布拉格之春的纲领吗？

他和勃列日涅夫经常通电话——在最初两年，每周和苏联领导人通话两次——还有个人会晤，包括在黑海的 14 天的共同休假，大大地改变了苏联领导人和我们关于继续进行改革的考虑和意见。勃列日涅夫经常发指示，不仅给他众多的在布拉格的外交和安全机构，还给"捷克斯洛伐克负责的同志们"。他拒绝我们提出的，哪怕是最小的、继续保持下去的改革。而时间在不断奔驰。我们当然失去了居民的信任，而这是政治家可能遇到的最坏的事。

胡萨克处在不可想象的复杂情况下：主席团意见分歧。在主席团中，教条主义的、反对改革的集团，以华西里·比拉克（Vasil Bilřak）和阿廖斯·英德拉（Alois Iudra）为首占大多数。支持中央第一书记的有斯特劳加尔（Štrougal）、霍鲁西科维奇（Hruškovič）、佐洛特卡（Colotka），稍晚还有卡培克（Kapek）。从1969年4月开始，教条主义集团成员的战术、整个行为和活动就是公开反对改革，主张绝对遵照苏联的要求，这个集团的领导人将大部分的政治及人事决定都事先经过在莫斯科的商议，然后，才将和莫斯科商量好的事情通知（或者如同政治术语中的"告知"）第一书记。例如在比拉克领导下的小组制定的叫做"危机发展中的教训"这份建议材料，被胡萨克仔细地加以批驳，V.比拉克带着这份十分"重要"的作品到莫斯科去请求评估，然后这份材料几乎原封不动地提交给中央委员会，说在莫斯科已经被采纳了。很容易想象，这样的互相对抗作用会有什么后果。

读者问：这样我们终于知道了姓名。在出版了您的书之后，读者有点意见的是：你似乎遗漏了说明您对有些人，如比拉克的看法和经验。在那个时候，您和这个小组的紧张关系，在70和80年代就已经是公开的秘密了，您在写您的书的时候是不是过分心胸宽阔了？

大概是这样，我曾经在等待，现在也一直在等待历史学家们的客观史书。那么，我就提供一些个人的亲证。教条主义集团包括比拉克、英德拉、雅凯西（Jakeš）、坎姆培内（Kempný）、霍夫曼（Hoffmann）、佛依基克（Fojtík）、经常靠近的还有列纳尔特（Lenárt）。他们好像第二套班子，准备来抓住新任的捷共中央委员会第一书记为首的权力，如此取代领导集团班子的行为，莫斯科领导层在极力倡导形成。这必然会在整整20年的时期中，使捷克斯洛伐克社会主义共和国的执政能力大为削弱和变形，20年乃至40年的软弱和退让，许多事实值得我们深思。

从60年代下半叶的非正式政治会谈中讲起，勃列日涅夫在苏联是过渡人物，很快会有人事变动。但情况正好相反，勃列日涅夫在60和70年代，决定性地影响了捷克斯洛伐克所有的内政和外交政策，这些还不涉及这样的事实：在捷克斯洛伐克经常保持7万名占领军。胡萨克在他未完的"回

第四章　再谈谈古斯塔夫·胡萨克（1969—1989 捷共总书记）

忆录"[由斯洛伐克的历史学家 V. 普列夫查（V. Plevza）执笔]中，承认他原来没有预计到勃列日涅夫会对捷克斯洛伐克的政治安排施加如此单方面的有目标的压力。在我和 G. 胡萨克许多次的个人讨论中，我尊重他和 L. 勃列日涅夫之间的困难的"谈判者"处境，我向他建议：是不是某些主要的问题可以不作为捷克斯洛伐克方面的绝对要求？有两次，他得到了从捷克撤退部分占领军的承诺。结果承诺没有兑现，显然对于勃列日涅夫来说，"占领军"是其"政治家"的谈判手段，并常常把恶果推给了自己的元帅；但没有举出证明。

读者问：您同意下面的看法吗：我们看到了两个不同的处于最高位置的胡萨克？其中一个胡萨克经常为改革而战斗，另一个胡萨克则只是因循守旧，最后在 1989 年 11 月终于崩溃？

不要这样固定的去描述一个人物。我认为还是这样，在第一段时间内——大致到 70 年代末，胡萨克为逐步实现布拉格之春时期宣布的改革行动创造有利条件，而勃列日涅夫和在中央委员会主席团内的比拉克集团亲密合作，阻碍了一切尝试。

他们不允许任何的改革和任何的对社会主义的"改善"。对几百万人民的实际生活不感兴趣。简言之，胡萨克以亲自的体验感到：莫斯科的政治是将大国利益放在最前面。从这里可以逻辑地得出结论：我们这些小盟国不过是俄罗斯的"省"。

他的夫人米勒罗娃·胡萨柯娃（Millerová Husáková）悲惨的去世以及直接引起他的健康严重恶化都发生在第一书记的后半任期内。他残酷地认识到：先前希望我们能够对我们自己的将来做自由的决定，现在看来只是不现实的构想了。他想实施的是国家健康发展迫切需要的政治改革，但是他做不到，他失望，这对他在精神上和心理上是多大的打击！他是一位有明确目标的、经过生命考验的、十分勇敢的人。后果终于来到了。

在我们的社会里，拖延解决迫切的问题，没有责任心，没有坐下来仔细讨论那些没有预见到的社会变化等等，都影响了在 80 年代过程中的执政质量和效率。而那时候，在勃列日涅夫及其后的几名克里姆林宫接任领导人的相继死亡的时代，曾经是有一定的机会去相对"自由"地决定进行改革。

读者问：您向我讲过，在您的书《回忆与思考》出版之后，您得到了更多的关于最后几年与 G. 胡萨克合作的可靠信息。

请您看一看，一旦执政体制不尊重在机构及其领导人之间的相互关系的危险，特别是内务部部长雅鲁米尔·奥勃日纳（Jaromír Obzina）及他的反情报部门的亲信们开始逐步地向中央委员会总书记输送各种"机密"，即是对国内——在捷克地区和斯洛伐克地区——一系列干部的未经核实的诽谤和造谣。我好几次提醒总统：在领导层中形成了这样的局势，不利于相互的关系，更不用说工作和有效率的执政了。自然对这样的"机密"，他也感到不安。我向他亲自讲过："这个是你感到不安，然而你完全鉴别不了，哪个是真的，哪个是诽谤。"

当他在选择自己身边的顾问时，遗憾地也遭到了不幸的手，然后逐渐合乎逻辑地造成了、并且逐步地扩散了相互不信任的气氛，特别是在中央的党和政府的部门里，尤其是缺少负责干部和第一书记之间的个人接触，而这是很有必要的。

在这些年间，胡萨克更经常地受骗于送上来的有目的的诽谤，后者是奥勃日纳部长周围的忠实间谍们制造出来的。有几次我被迫向胡萨克解释奥勃日纳那对斯卢索维策（Slušovice）农业联合企业有成效经营的怀疑。对联合企业的董事长弗朗基舍克·楚巴（František Čuba）副教授及企业领导编造了各种无稽之谈：谁谁从国外或从布拉格财政上支援了该农业联合企业？什特劳加尔（Štrougal）对所有一切都给以袒护等等。在 1986 年，在捷共十七届党代会开幕之前不久，我在公开的批评讨论中，向胡萨克讲述：在那里，谁谁等——不论是个人、集体、企业、地区——立即都被怀

第四章　再谈谈古斯塔夫·胡萨克（1969—1989 捷共总书记）

疑了。在 1984 年的一次捷共中央全会上，他不正确地批评工作很成功的燃料和能源部部长埃伦培尔格（Ehrenberger），说这位部长应该在自己的岗位上解决主要问题时，却去休假了。实际上，这位部长在自己的办公室正常地工作着。在会议之后，我立即向他说："古斯塔①，你不能这样发言，损害了人。这对总统和党的领导人来说，是不严肃的。"

我不知道，这个反情报部门的军官小组是不是在负责干部中间寻找内部敌人？但是今天我知道，建立了对政府的间谍卷宗。读者们可以自己去想象是什么样的卷宗。内务部部长难道没有获得"许可"就这样做了吗？

读者问：《回忆与思考》书的某些读者批评您，说您只赞扬胡萨克。他们说胡萨克有时候十分尖锐的批评捷克人和布拉格，甚至于是不礼貌的，这是事实吗？

对于那些捍卫自己民族利益的政治家，采取这样的立场是合乎逻辑的。G.胡萨克从第二次世界大战末期以来就坚持联邦制，没有成功，几乎被监禁了十年——首先是在捷克，这是不平常的，但也有一定的原因。在被释放之后，当他回到斯洛伐克，他又坚持实行联邦制。

那时候，斯洛伐克人处于特殊的、局部的法律上不平等的国家权力的安排，他批评捷克人和在布拉格的国家中心，他爱自己的祖国。但是如果认为胡萨克是一个斯洛伐克民族主义者，那在人道上是没有充分根据的，在政治上和民法上他是不能接受的。全面地从历史上对他这位人物的认识和了解，断定他是民族主义者是站不住的，是应该驳斥的。

1989 年 12 月 9 日，他在捷克斯洛伐克电视台发表了自己最后一次的公共演说。他宣告，他任命新的"民族谅解"政府，然后离开捷克斯洛伐克社会主义共和国总统的职务，"我为了有助于进一步的发展"。他接着

---

① 古斯塔夫的爱称。——译者注

讲:"需要保持人民的生活水平,人民已经对此表示了害怕,要为更好的社会保障准备条件,保持我们的国际关系,保证自由的国家,保持他的民族和人民的全面发展。我本人从年轻的时候就相信光明的社会主义理想,如果什么地方有错误,那是人的错误,而不是社会主义的基本思想,我没有看到今天在世界上还有比这更好的基本思想,因而我在今后也对社会主义继续坚定地相信。"

胡萨克曾是一位政治家,他曾有机会找到1968年局势的出路,采取合理的步骤以避免出现对捷克斯洛伐克的军事占领。那样就可能一步一步地,有目的地,将党内和社会上的民主原则付诸实施。胡萨克是一位符合时代的各种进步要求的政治家。

古斯塔夫·胡萨克是捷克斯洛伐克历史上的重要人物,在捷克斯洛伐克舞台上最最突出的斯洛伐克政治家。

第五章
关于经济互助理事会（RVHP）

读者问： 相当多的问题是有关经济互助理事会（RVHP）组织的。您作为捷克斯洛伐克代表团团长，参加了它的多次高层会谈。读者们的几个问题可以概括为一句话：为什么讲起和写到合作要更为高效率些，对 RVHP 组织，那些人在什么时候指责它了？

让我们按次序讲起，这是一个前社会主义国家的多方面的国际经济组织，它建立于 1949 年 1 月，它的产生和战后的欧洲分裂有关。RVHP 的目的是为了协调各成员国的科学研究、生产、投资和贸易各方面的相互合作。RVHP 组织的名称表明了"互助"，说明通过各国的努力来克服各成员国之间的经济水平的差别。加速发展相对落后国家的经济，使之接近，并最终达到经济比较发达的国家，这样可以形成相互之间有成效合作的更合适的前提。这个当然是合理的前提，在实际上从来也没有实现过。

读者问： 为什么？

因为我们没有形成商品、货币以及服务的可靠的市场。各成员国之间的关系，特别在最初的几十年中，主要是粗放的性质，在每一个成员国内部的经济发展上，也基本上是类似的性质，这种关系的主要形式是互相提供各种货物，在此框架内，主要是能源、原料和机械产品。

在 RVHP 水平上的粗放发展形式，也给它自己形成了相符合的机制。我们实际上相当仔细地制订了计划，谈妥供应的各种货物和服务，但是完全没有计算企业的积极性以及真正的有效率的合作。所谓的共同货币是卢布，是可以兑换的，实际上不是真正的货币，只是作为记账的单位，当然只能按复杂的协调计划来使用。国家在 RVHP 诸国中，其结算是顺差还是逆差，最后是一样的。致命的问题是脱离了世界经济的发展以及在社会内部明显的经济自给自足的倾向，最初的脱离表现在东方和西方之间的紧张关系，后来又连带上经济的因素——劳动生产率的差别增大，以及经济水平、经济增长的质量、产品的质量参数等方面的差距增加，当然还有意识形态的因数——愈来愈难以承认："资本主义的普遍危机"，这是在许多重要的官方文件及马克思列宁主义的理论研究中多次强调的，为什么不会引起自动崩溃呢？面对例如日本、斯堪的纳维亚诸国或者南亚各"小老虎"的成就，各种形式的意识形态观念显得滑稽可笑。

读者问：您似乎说过，还得检阅一下客观的发展？

是的，我们曾经有足够的所有信息，可以从中引导出所需要的结论。在 RVHP 活动的过程中，形成了一系列专业的常务委员会，他们对各个领域的合作进行协调，在委员会中工作的有高水平的专家。

各成员国在 80 年代对于经济改革的尝试，形成了根本改变 RVHP 的任务的前提。其方向为发展和加深生产的专业化和合作生产，经济一体化和实施发展 RVHP 和欧洲社会关系的第一步。

RVHP 对我们来说，是最重要的国外市场，至 1989 年年底，已占据我们出口的三分之二，从这里，没有什么困难地保证了我们进口能源及其他原料的决定性部分。这是一个沉重的组织，缺少标准的世界市场的价值，它没有能力对以下方面施加必要的压力：提高质量、提高生产效率以及改进成员国的对外贸易，从而加强他们外贸竞争能力。

第五章　关于经济互助理事会（RVHP）

然而，RVHP 的成员国关于有利采购我们的产品给以很显然的保证。我们和这个经济组织的联系是如此的紧密，它的任何根本性的动荡都会给我们带来损失。尽管这样，改善 RVHP 的工作质量的现实前提是，要使 RVHP 在短时间内真正成为弹性的连接整个国际市场的自由贸易纽带，并且牢固的加强成员国对待那些国际出口商的地位，这些出口商远远比我们强大。

在 80 年代末，曾经有过现实的机会，可以相对较快地改变到适应欧洲的经济结构，如 ESVO（欧洲自由贸易共同体），虽然开始只是过渡形式，然后可以达到与西欧的可靠连接。

那时候，我们受到明显的推动，可以尽快联结到 EHS（欧洲经济共同体），这样，不仅要保证相互协调成员国立场，而且要显著增强他们，也就是增强我们谈判的砝码。这里讲的是和华沙军事条约完全不同的问题，因此，在日程上，不曾是废除 RVHP 的问题，而且对它加以正面的改变，对后者已经做了准备，而且是决定性的一步：放弃可兑换的卢布，很快过渡到在相互对外贸易中使用可以自由兑换的货币。在 1989 年 10 月，RVHP 的执行委员会决定了要在 1990 年实现，最迟在 1991 年，我们共和国对此完全同意，并提出要求，在和最大的伙伴也就是和苏联的关系上，要考虑到我们的外汇可能性，将这个过渡时期延长为三至五年。这也是其他国家的要求，这是有理由的先决条件，苏联也将会满意。

然而，我们的"改革家们"对此采取了不同的观点——我可以证实，他们损害了整个国民经济。从一开始他们都积极地打算废除 RVHP。他们认为对 RVHP 进行某些"改建"是不可接受的，大概也是不严肃的。

1990 年 1 月末，我国的政府代表，以总理恰尔法（Čalfa）为首和部长克劳斯（Klaus）及达劳依（Dlouhý）一起参加 RVHP 的政府首脑会议，他们发言说对 RVHP 继续存在的合适性表示怀疑。从本质上说，普遍认为苏联是不可靠的，是单方面的贸易伙伴。作为响应，苏联总理尼古拉·雷日科夫（Nikolaj Ryžkov）表示，比起其他成员国，苏联很大程度上较少需要 RVHP。他对捷克斯洛伐克提出来的建议能够理解，他强调不阻止 RVHP 的废止，他说他的国家作为有名的燃料及原料出口国，在将来，RVHP 不会带来任何特别的好处。

过早地、整体地、未经很好准备地废止 RVHP，从而导致对捷克斯洛伐克的货物有决定性意义的市场的丧失，这场错误是我们自找的。对我们国家，在客观上是一次历史性的错误，并造成长期的经济损失。西方对 RVHP 的解体表示欢迎，他们直接插入了苏联市场，而且是整体的。他们无偿地拿走了我们离开以后的、经过清理的东方市场。

当决定了废止 RVHP，政府的义务应该是建议订立一系列和各成员国之间的双边贸易协定，给以继续鼓励、平衡和提供借贷，简单地说，援救那些在那时候还可以援救的事情，然而政府负责人任何实际的企业行为都没有做。相互贸易明显地降了下来。

在德国分裂为东德和西德的时代结束的时候，我们和民主德国的关系上犯了主要的错误，我们没有开始进行和民主德国互相贸易关系方面的谈判。这样我们被迫处于这样的情况：从民主德国到我们的出口，我们支付了自由兑换货币——而我们的出口受到单方面制定的不能接受的汇率而损失，所有这些都违反了国际贸易法。但在那时候，也没有进行两国之间关于这方面的谈判，自由兑换货币的纽带断开了。

形式上，RVHP 还存在了几个月，1990 年 3 月，还在较低层次上，讨论了向世界贸易的市场原则过度。然后只接着有一些管理方面的事务措施，如对关闭的组织机构的资产处理。

这是所有关于这个重要的、需要的国际组织的一切，这个组织曾经包括比当时的欧洲经济共同体还要多得多的人民。

第六章
关于当时很著名的人士

读者问：很多读者有一个共同的问题：关于您周围的人们，他们有点缺少您个人特有的各种形象和品德，这些形象和品德，长期以来，直到1989年人们都记得的，您同意吗？也请您讲讲他们。

是的，我同意。在我前一本书中，我对这些问题没有展开，这是敏感的事情，直接和各位具体的人有关系，他们是我的同事们，经常和我在一起，有的达几十年，参加决定这个国家的命运和前途。我和其中一些人的观点十分接近，而和另外一些，经常是，特别在1968年军事占领之后，成为对立面，不仅在政治和意识形态上，有的也是在纯粹的专业事务方面。我一直认为这是完全对立的观念方面的交锋，是在党和国家的高级领导机构内，进行决定时必然的组成部分。今天我必须再提醒一件事：公民对于这些观点上的分歧的信息当然有知情权，但是我必须考虑，会在什么样的社会气氛下给以公布，这种气氛已经很多年被打上了反共产主义的歇斯底里。因此你们不要看我当然有一定的保留，可能还有谨慎，以使我的话不会引起对我某些过去的同事们的不公正的、肤浅的反应。这不是什特劳加尔的机会主义，而是想象不到的礼貌，这是我力图在整个人生的经历中，对待所有人的做法，即使我和他们有深刻的、根本性的分歧。现在回到您最初的问题。我们不能忘记捷克斯洛伐克社会在战后时代的整个发展过程。在科希策政府纲领的基础上，建立了联合政府，包括捷克的四个（捷共、社会民主党、民族社会党和人民党）和斯洛伐克的两个（斯共及民主党）政党的代表，1946年议会选举之后，政府内阁继续原来的联合组成，只是人员有些变动，在国内，进行了广泛的战后重建，从根本上恢复战争毁坏了的工业实体、市区及交通。

1948年2月，不论在政府内阁，还是各个政党的领导层，都进行了明显的人事变动。在社会民主党和捷共"合并"之后，对捷共主席团进行了人员补充，那时捷共由哥特瓦尔德和总书记R. 斯兰斯基（R. Slánský）领导。

在1948年2月之后，在捷克领导层内部，进行了第一波人员变动。在几次重大审判案件以及斯兰斯基被消灭之后，安托宁·诺沃提尼（Antonín Novotný）逐步经过努力工作，进入领导高层。哥特瓦尔德逝世之后，1953—1954年，在中央委员会议上，诺沃提尼当选为第一书记，新当选的总统为安托宁·萨波托斯基（Antonín Zapotocký）。在斯大林逝世后，公众逐步得知在苏联斯大林时代的非法的可怕事实，但是捷共中央委员会主席团不决定对我国发生的非法审判进行彻底的审查。

读者问：这个事实已经在您的书中提出过了，这首先是个人的原因吗？

是的，但不仅仅是个人的原因。安托宁·诺沃提尼被选入中央委员会最高的领导层是在1952年，他没有参加讨论对所谓的阴谋家中心的审判的准备。但是在1952年11月底，讨论对"斯兰斯基及其他人"案件的判决建议时，他参加了投票，还有其他的一些原因，在以后几年里，诺沃提尼在领导层中处于困难的地位。经济发展计划没有完成，生活水平没有太多提高，新社会的吸引力下降。接着又是在苏联共产党第二十次党代会上对斯大林的揭露，众所周知的1956年"匈牙利事件"以及国内国外的其他事件。形势很复杂。中央委员会主席团有影响的成员的大多数——萨波托

第六章　关于当时很著名的人士

斯基总统，政府总理西罗基，中央委员会书记科勒（Köhler），政府副总理考培茨基（Kopecky），部长捷皮启卡（Čepička）和朱里西（Ďuriš），斯洛伐克委员巴齐雷克（Bacílek）和戴维特（David）——，那时决定了极刑判决的这些人都留在了领导层里。只有捷皮启卡，在1956年就被选出中央委员会，那些有决定权的大多数人没有准备好承认错误和从中吸取个人教训，一直到1962年，当时的宪法委员会在准备审核政治冤案，在捷共中央委员会会议上，进行了广泛的人事变动，许多人被调离了党的最高领导层。

读者问：这样，我们留下来讲诺沃提尼。

必须指出，中央委员会第一书记当时力图改变中央委员会主席团的组成，以使他可以将1949—1954的非法冤案的责任问题提到日程上来加以研究，他提升新人到领导层，大部分是年轻人。在1961年，选入中央委员会主席团的有：特拉霍米尔·科尔德尔（Drahomír Kolder），原为奥斯特拉发（Ostrava）州第一书记、约瑟夫·列纳尔特（Jozef Lenárt），斯洛伐克共产党新任第一书记、马丁·范楚里克（Martin Vaculík），原为南摩拉维亚州委第一书记，还有在1959年1月，提升我为书记处书记，我那时被新任命为农业、林业和水利部的部长。遗憾的是，诺沃提尼一直拖延对敞开讨论50年代冤案问题的决定。只有在充分争吵的讨论之后，在1961年12月，成立了审查委员会，并接受了"解决冤案问题不是多余的"这样的意见。我直接得到的个人消息知道，在他的考虑中，做出这样的决定是多么的困难。我那时在第一书记的顾问组和最亲密的工作伙伴中有一些朋友。他们中许多人，在那几周内，几乎是在骂我，说我给诺沃提尼喂什么了！这会影响我的前途，被逐出党，我最好的朋友警告我，说我的行为到了反党的边缘，我将丢掉脑袋。

读者问：但是您一直相信，他是一位对得起他所站的位置（总书记）的人？

在那时期，一直到 1968 年的那几年里，我曾经相信，A. 诺沃提尼在他的位置上还能经得起一些年月的考验。他的弱处是那些顾问们，大部分的顾问没有在专业上做过良好准备，却在他的周围形成了不可渗透的圈子。如果有人向诺沃提尼进行了争斗——我还没有和他过这样的争斗，但我记得，例如奥塔·西克（Ota Šik），他想使诺沃提尼相信，经济体制需要加以改变——他的顾问们马上就会进行激烈的反击。西克被加上"希望资本主义"的罪名，诺沃提尼和西克曾经一齐被关在集中营里，从那里形成的个人友谊也帮助不了西克洗刷顾问们编造给他的不信任。

当在诺沃提尼周围响起捷克人和斯洛伐克人的合作和友谊的呼声时，就会引发尖锐的、几乎是不礼貌的言语。这样，逐渐出现了这样的现象：殷勤的媒体及时加以传播，第一书记本人也会出现在斯洛伐克的某些圈子里，但是在捷克，充满了许多争论甚至是拒不接受、不能同意的意见。经济和社会问题继续不断地产生，所有这些都汇流注入著名的 1968 年 1 月事件中。

读者问：已经过去了许多年，让我们理性地看一看那个时期，我们不要只看到危机时机。60 年代，在今天被人们想起来的是捷克斯洛伐克文化和一些科学领域的黄金时代，供应也改善了……

社会的整个气氛，在 50 年代和 60 年代之交的时，一方面受到了国内市场和社会福利领域采取的一些措施的正面影响，然而，另一方面，在第二个五年计划的后期，特别在 1958 年到 1960 年，计划没有完成的后果开始显示出来，很多人记得，在 1959 年"五一"游行的检阅台上，国家最高领导人在演说中讲："肉很快就会有的"。后面站着农业部部长（当然是什特劳加尔），部长很明白，不可能马上会有供应充足的肉。当时迫切需要的农业改革不断受到耽搁。

同时，这个时期在西方国家，经济发展的形势方面来临了最终的变化，特别是我们的几个邻国，他们的国内市场的形势和生活水平有了显著

第六章　关于当时很著名的人士

的改善。我们的公众，在不断扩大的范围内，非常灵敏地比较我们自己的国内关系，在捷克斯洛伐克的政治生活中出现了新的现象——比较我国和邻国的生活水平。很显然，我们有许多地方是需要追赶的。

党的领导及政府面对社会上不断提出的各种要求，这些要求大部分是在短期内无法解决的。最迫切的要求是希望从根本上改变经济体制和整个社会的管理调控体制，大家面对的是转折的时刻，大多数人希望的是出现新面孔、新的领导人，这些新领导人不会用老的或者未经过考验的办法来加重社会的负担。这些新人是经过训练的，会组织这些改革的设想并付诸实现。60年代在捷克斯洛伐克，要求进行改革的不仅是经济体制，还有政治生活的新规则和新安排：在这里，各个政党在相互竞争中，对国家生活中的当前及今后问题做出最佳的解决。对此，我想再加一句：新的党和国家领导人面临对50年代历史的重写，谁来担当这些使命的首领？几乎是解决不了的问题，但这是迫切的，不能拖延的。

读者问：我们现在谈到了1967年年末和1968年1月了。您当时是捷共中央委员，有任务去选择有感人魅力的领袖，受过专业训练的，显示出在他的周围集中了一批当时我们国家最佳的人物。您对这样的选择准备好了吗？

当在这个或那个国家处于紧迫的局势，都会出现拥护和保卫改革的代表人物——或者叫领袖，这个领袖带领大家规划出历史性的改革并付诸实施在生活中。但是，在60年代的捷克斯洛伐克，遗憾的是我们没有这样的人。对第一书记换人，我们投了票，但是新的代表人物我们又没有准备好。在这些日子里，中央委员会主席团以及全体中央委员会全会，好几天都在讨论这个重要的变更，但是诺沃提尼并没有建议谁可以是他的接班人。然而在狭窄的个人圈子里，他说出了他的喜爱倾向，他用他自己特殊的方法讲出了他的见解，从党组织的领导干部中可能选出可以担当党的首脑的人，这就是马尔·范楚里克（Martin Vaculík），在当时是南摩拉维亚州州委第一书记,根据我的看法,这是一个很合适的建议。范楚里克是一位受过全面教育、非常肯干的干部,很有礼貌,具备完美的品行和举止,对人非常友好,我不夸大地说,他还是一位有领袖魅力的演说家。他的关于党内组织和政治生活的整个安排方面的见解和想法都是现代化的,不是所有的干部都能做到这样。在讨论中他总是出奇的安静,但是,在每一种情况下,都可以找出这样一些人,他们对显示出有一定威望的人,总是准备加以诽谤,当这人是准备提升上去的候选人,以后还可能是最高的职位,那就更被认为是"天知道"了。

对马丁·范楚里克也没有例外。在那时候布拉格传播着各种消息,是关于他的个人生活的。范楚里克是一位漂亮的美男子,可以理解会受到妇女公众的欢迎。传来的诽谤大部分都没有得到证实,诺沃提尼一般被认为是缺乏感情和幽默感的干巴巴的人,对自己喜爱的人也不加以允许。我自己喜欢范楚里克,他对女人们是有好的关系,可能有的时候有点过分迎合,但是可以容忍的程度,他没有做过任何过分的事情。遗憾的是,南摩拉维亚州州委第一书记在这个历史的决定性关头遇到了根本性的不利,1967年12月,中央委员会主席团没有通过更换A.诺沃提尼,主席团成员中,有五人投票不同意第一书记退出中央委员会,范楚里克是五人之一,范楚里克有合乎逻辑的理由:"事情没有准备好,一切都像是冒险家的即兴演奏",他这样说道,他是对的。这样,结束了在60年代党的干部中,最为有前途的一个人的前途。

读者问:这么说,你们不曾有喜欢的人选,但是对目前为止的首脑又已经不想要了,谁可以被考虑呢?

曾经有不少的建议:内阁副总理切尔尼克(Černík)、斯洛伐克的第一书记杜布切克(Dubček)、内阁总理列纳尔特(Lenárt)、人民代表大会主席拉西多维茨卡(Laštovička)。在我的书《回忆与思考》中,我已做了详细的叙述。因此我只在这里简要地提出这个重要的决定以及1968年捷共中

第六章　关于当时很著名的人士

央委员会1月的讨论气氛。中央委员会的大部分斯洛伐克委员明显地提到A.诺沃尼克最近的讲话，讲话针对斯洛伐克及其领导人物，因此有的人明确指出，党的首脑应该由斯洛伐克代表人物来担任。斯洛伐克院外活动集团的能干组织者V.比拉克（V. Bilřak）明显地支持和鼓吹这样的建议：党的首脑由A.杜布切克来担任，他们的建议在讨论中最为频繁地响起，这样的结果是一致选举A.杜布切克为捷共中央委员会第一书记。

我对杜布切克和比拉克两人，在那时就已经十分了解。我和杜布切克差不多同时有两年，都是中央委员会书记。比拉克曾经和我一样，从1959年开始就已经是捷克斯洛伐克政府内阁成员了。我知道他为什么在全会中到处低头作揖，在和比拉克的个人谈话中，我想使他相信，A.杜布切克没有先决条件和能力去掌握党和国家的复杂困难的各种问题。比拉克向我几乎是自然地流露，他有设想和把握如何去帮助杜布切克。过了不久，只有几个月之后，他承认他弄错了。在斯洛伐克，比拉克代表杜布切克的斯洛伐克共产党书记的职权，在他的四周包围着他自己的人。但在1968年1月以后，杜布切克到了布拉格，比拉克就脱手了。领导斯洛伐克共产党中央委员会，在平时是党的地区部分，这与领导捷共，负责整个国家的发展是不一样的。而且这是在准备和决定根本性的政治和经济改革的时刻。总而言之——正如在1968年遗憾地表现出来的那样——党内的第一男子，也是国家的第一人，没有认真担当自己应负起的责任。而到了1968年8月以后，国家更是陷于几乎没有出路的局势。

读者问：和1968年相联系的还有另外一些名字，到今天大概只有历史学家才知道了。我们回想起来，有……

1968年1月捷共中央委员会全会上，在捷共中央主席团组成员和捷共中央书记处成员方面，进行了大量的人事变动：新选入的有阿廖斯·英德拉（Alois Indra）、兹德涅克·墨林那日（Zdeněk Mlynář）、捷斯特米尔·齐塞日（Čestmír Císař）、约瑟夫·斯墨尔柯夫斯基（Josef Smrkovský）、华西尔·比拉克（Vasil Bilřak）、特拉赫米尔·科尔德尔（Drahomír Kolder）、奥尔德日赫·切尔尼克（Oldřich Černik）、弗朗基舍克·克里格尔（Frantisek Kriegel）、约瑟夫·希柏切克（Josef Špaček）等。以后还来了卢德维克·斯沃博达（Ludvík Svoboda）、奥尔德日赫·西韦斯特卡（Old řich Švestka）及安托宁·卡培克（Antonín Kapek）。

新的组成之后，党的领导层的前提是掌握今后时期的任务。在日程上，要解决过去年代所积累下来的问题，尤其是过去20年在我们面前积累下来的问题。同样重要的是，制订在经济方面和在整个共和国的党和政治安排中的，改革步伐的明确而具体的纲领。

探索进一步的措施，从逻辑上不能回避各种不同的看法，这些在党的领导层中的不同看法，从一开始就表现出来了，这并没什么不寻常。重要的是寻找进一步的路线方向，这个路线方向要符合建设社会主义社会的理念，就是在这个基本战略的观念上，也存在着要探求什么和要明确什么。

形势要求归纳所有的观点方案并且做出决定：哪一个解决方案是最佳的，但是这样的形势并没有出现，相反，无尽无止的动摇和拖延引起了神经紧张和增加了不信任。开始大声出现了这样的不可接受的观点："干脆脱离社会主义道路。"除了国内的反动派利用这种混乱，还有我们的邻居，华沙条约成员国以及经互会，特别是德国的瓦尔特·乌布利希（Walter Ulbricht），波兰的弗拉基斯拉夫·哥穆尔卡（Wladyslav Gomułka），很遗憾的是在那时候还十分有能量的苏共领导层。他们不断地加强和扩展了这样的叫嚷：在捷克斯洛伐克社会主义共和国，社会主义受到了威胁，捷共的领导控制不了局势，社会主义的敌人占了优势。

这样，所有通过讨论来解决分歧的尝试都决定性地结束了。"国际主义的帮助"提到日程上来。

1968年8月是捷克斯洛伐克历史的不幸，关于在8月以前以及8月以后，在莫斯科演出的许多事件，我在自己的《回忆与思考》一书中已经做

第六章 关于当时很著名的人士

了详尽的叙述。

读者问：我们还停在一些人事方面。

这是很自然合乎逻辑的事：随着第一书记 A. 杜布切克的去职，在党的领导层中进行了更多的人事变动。随后进行了一系列错误的、有损于社会和政治的措施，其中的某些措施完全没有在领导层中讨论过。一部分人——所谓的"健康的力量"，从上到下集合在党的机关中，进行了大规模的甄别党员。决定性问题只有一个："你同意华沙条约的军队进入捷克斯洛伐克社会主义共和国吗"？如果回答："我不同意"，那你就不能留在党内。

结果：60 万名党员被开除出党或被除名。但事情还没有结束，接着是被工作单位开除和整个家庭遭到各种困难。他们成为第二等公民，他们的孩子们，在有的地方，被拒绝给以高一级的教育。

下面一句话被认为是奇论：从 1969 年以后，在捷克斯洛伐克自我感觉最好的人是非党员。对于非党员，从 1968 年直到 1970 年，一直没有遇到什么咒骂。

逐渐地形成党的新领导层。从主席团和书记处离开的有：A. 杜布切克、F. 克里格尔、J. 希柏切克、J. 斯墨尔柯夫斯基、Č. 齐萨日、Z. 墨林那日、O. 切尔尼克、D. 科尔德尔。而在新的主席团中，有力的改革建议处于十分不利的形势。在党的领导层中，从 1969 年 4 月以后的最初日子开始，形成了两个集团：一个是以 G. 胡萨克为首，另一个，观点完全不同，以 V. 比拉克为领导。

读者问：什么是领导人物之间的差异？只是表现在对 1968 年的评价上吗？

差异表现在几乎所有的地方：在教育程度上、生活经验上、对世界的了解上、语言上、职业生涯上等等。用意思最好的话来说，胡萨克是一位天生的政治家、斯洛伐克知识分子、具有见识广泛的眼界、斯大林体制下的多年的囚犯，可以这样说：在他的生命里，没有回避什么不美好的，什么不丑恶的。比拉克出生于贫苦家庭，基本上整个人生生涯都在机关里，好像是依赖于看不见的权力结构。他们两人完全不一样，完全有不同的生活目标。当然历史带动了他们，他们自己在历史潮流中坚持了很多年，然而是截然不同的篇章。胡萨克懂得，在1968年8月之后，捷克斯洛伐克领导层已经失去了改革的自由空间。他认为，在有些方面，我们必须在时间上和范围上打点折扣，但是在本质上我们必须捍卫主要方向。我也和他同样。但是遗憾的是，所有一切，在最后都不一样了。莫斯科保持和捷共的所谓健康力量的天天接触，我们的空间明显地变狭窄了。

在中央委员会主席团内，比拉克权力强大的小组的主要任务是组织群众性的大规模的甄别，所谓的将反社会主义分子"清除"出党。古怪的奇闻是，根据这个小组的领导人所说，我们应该继续1968年以前实行的路线，那个路线基本上是不实行本质上的变化和改革。1968年的纲领应该予以抛弃，而结果也是被抛弃了。

比拉克首先和A.英德拉紧密合作，成功地在捷克斯洛伐克中央委员会主席团内，将更多的主席团和书记处成员扩充到自己的小组中来，这样，在第一时期，产生了特别的局势。胡萨克在自己的旁边只有什特劳加尔，而在比拉克和英德拉这边，有J.坎姆帕内（J. Kempný）、J.福怡齐克（J. Fojtík）、K.霍夫曼（K. Hoffmann）、M.雅克什（M. Jakeš）和J.列纳尔特（J. Lenárt）。其他的中央委员和书记在大部分的观点交锋中摇摆。可以清楚地证明，党的机构在其日常运作中，不是由总书记胡萨克掌控，而是由中央委员会书记比拉克。而当G.胡萨克逐步在勃列日涅夫的压力下，放弃其原来的基本立场时，反对拥有人数众多的比拉克小组的只剩下我了。有的时候，次数不多地，支持我的还有亲爱的A.卡培克（A. Kapek）和M.赫卢西科维茨（M. Hruškovič）。我相信胡萨克是同意我的观点的，但是随着年代的转移，他对这种状态似乎是勉强接受了。他处于不可想象的压力

第六章　关于当时很著名的人士

之下，首先来自勃列日涅夫，比拉克和英德拉的多数集团在举止和表演上，和苏联总书记相协调一致。在最后时期，胡萨克常常对有争吵的讨论，好像只是不参加似地观察着，有时候，几乎是腻烦地随口说出："就像我注意到，大部分人都有这样的观点，不能够改变了。"

读者问：您曾经是最高的执行人，即使只是在国家的结构内，您有较大的运作和操纵空间吗？

社会主义，正如我们曾经理解的那样，也正如我们在1968年8月21日记得的那样，他的基本原则是党决定一切，首先是干部。同样，V.比拉克对干部政策有重大的影响，不仅在党内，并且在国家机关中，到处都有他的人。总而言之，他力图对一切都全面掌控。例如，胡萨克经常先从比拉克那里获知关于在人事方面的在考虑的变动，最后勃列日涅夫亲自给胡萨克以证实。这是难以相信的，而对胡萨克来说是有失体面的。这样，在中央委员会主席团内的教条主义集团加强了对考虑中的战略性的改革步伐的抵制。在那时候，一系列的征候显示在捷克斯洛伐克存在第二套备用班子，当不尊重勃列日涅夫传达的"建议"，（确切地说是"命令"）时，可以用来替换的G.胡萨克的领导班子，这是70年代末和80年代初，伴随着捷克斯洛伐克政治发展的问题。在勃列日涅夫病重的时期，在捷克斯洛伐克缺少领导来决定进行新的奋斗航程，这样，从60年代开始，共产党领导体制的发展逐渐走向了没有方向，（即使在戈尔巴乔夫惊慌失措的有利时机，也没有加以利用），最后在1989年11月是不可避免的崩溃。

读者问：您回忆提起起了阿廖斯·英德拉（Alois Indra）的名字。他也成为8月21日及以后正常化的标志。

英德拉和比拉克曾经不是特别好的伙伴。他和比拉克的联合只因为对1968年在捷克斯洛伐克的政治发展有相同的观点，即，社会主义受到了威胁，或者是更确切地说，他们得出的观点是他们的地位受到了威胁。从这里他们得出结论是：1968年所设计的所有改革是没有希望的。至于只是暂时的，还是永远的，他们从来没有公开说过，然而不难推测，只要他们还有影响，将不会进行改革。

英德拉逐渐地指责比拉克，说他粗俗地醉心于权力。阿廖斯·英德拉成长在兹林（Zlín，在东捷克的一个工业城市——译者注）地区，他原先的工作经验对他在经济问题上的认识有良好的影响。在60年代初，我们同为政府内阁成员，他是交通部部长，我是农业部部长，后又任内务部部长，我们经常讨论现有的经济体制的不足和我们的观点。在政府应该更加着重解决主要问题方面，我们的观点是一致的：要根本改变以提高效率，只能通过改变整个的经济体制和管理体制。遗憾的是，在1968年以后，英德拉离开了他自己的对错误事物的观点，站到了教条主义者的一边。

他的这个政治立场实际上老老实实地一直坚持到自己去世。事实上是，除了这个意外去世，他什么也没有剩下。

读者问：在最高领导层中，难道没有人，哪怕是局部地尊重现实，并愿意支持改革吗？

如果是指政治体制的改革，就是说单独存在更多的政党，他们各自提出参选的候选人，关于这个问题，在捷共中央委员会主席团内，完全不可能和对立面进行讨论。保持宪法宣布的党的领导地位，这是至高无上的，神圣的。

在主席团中，有四名主席团委员，他们在过去的年代里，曾经是经济组织的负责人，赫卢西科维茨曾任冶金企业的厂长，卡培克是ČKD（著名的布拉格机械制造大企业）的总经理，坎姆帕内领导过建筑企业，后来任奥斯特拉发市市长。他们全都经历过指令性计划及管控体制时期。在1968年，他们全都表示要进行根本的改革。但在以后的几年里，只有安托宁·卡培克和米鲁斯拉夫·赫卢西科维茨保持自己原来的观点，列纳尔特不断脱离和拖延解决，坎姆帕内的观点变得使我绝对不能接受。我能够理解，他们把贯彻莫斯科领导的意图看成是自己的义务，即使很多地方他们自己

第六章 关于当时很著名的人士

也不同意。

卡尔·霍夫曼（Karel Hoffmann），经济大学的毕业生，他常常责备我，说我缺少分析经济效益下降的原因。"在你们这里，在政府里，你们的管控不专业"，这是他的立场。于是我在偶然遇见经济大学校长赫拉德茨基（Hradecký）教授时，随口说出恶毒的评语：你们这里对千百名大学生教些什么？赫拉德茨基带了点讽刺向我挑战，让我们在政府里改变体制，他会在学校里安排妥当一切需要的教学。对于这位令人好感的校长的宝贵的建议，我表示了感谢。

比拉克小组不断地向我进行说服："卢博日，等一等，不要着急。"这样，我们等着，一直等到了政权结束。

1989 年以后 ČKD 的发展，连有经验的 ČKD 的锻工米勒（Miller）也估计不足，他和 ČKD 的一部分职工坚决支持 11 月的政变。就是他也没有看出，应该支持什么样的发展。谁对这个高技术水平的联合企业的消失感到高兴？只有那些外国的竞争对手们在欢呼！

读者问：您今天能够和大家说些什么呢？主要是自己的昏庸和盲目，导致了捷共的历史性的崩溃？

我经常在思考，民主运作的高层政治机构应该是什么样的。我们过去缺少了什么？是的，对关键的社会问题进行坦率的讨论，存在有分歧观点的各个小组之间要有礼貌，要互相尊重，这些应该属于民主机构及部门的准则。

在所有之上，衡量高效率运作机构的，还应该有其他的准则：在人与人的关系上应该有普遍的正常的礼貌和道德。尊重人，探求真正的共同的利益，这些是凑合的、不时髦的要求吗？我可以和今天的政治家们讲讲我的体验：您知道当您敢于反对大多数人的时候，您对受到的歧视的感受吗？那是什么滋味，您一个人单独坐着，没有一个人敢于和您坐在一起。可以把这种处于紧张情形下的状态，称之为"什特劳加尔状态"，我在这方面已经受够了。我下面讲一个比我刚才说得好一点的例子,我想回到 1968 年,讲 1968 年党领导层中一位成员,中央委员会书记兹德涅克·墨林那日(Zdeněk Mlynář),他的命运似乎被人们遗忘了。从国外流亡归来后,没有来得及再服务我们国家就过世了。如果服务了,而且是搞政治,那可能是很出色的。当他突然去世之际,我意识到我们失去了一位出色的政治人才。兹德涅克是一位 60 年代的最能干的政治家和干部。受过良好的教育、工作能干、高效率、年轻的知识分子、有思想。这几乎没有意思地来回折腾,不幸地玩弄了他的命运。在正常的,可以设想出来的发展中,毫无争议,他会经得起留在我国的领导岗位上。他有正义,富有感情,不会堆砌冤屈。在政治上具有令人赞叹的才能,能够找到合乎情理的折中,根据我的观察,是出色的演说家,具有突出的领袖魅力!我们互相很了解,我深信他是远远比许多,甚至可能是所有的政变以后的代表人物都来得突出。但是政治没有来得及使用他。

第七章

为什么我们"不善于运作"国内市场以及谁不想要它?

读者问:博士先生,对旧体制最经常的指责和批评之一是那时的国内市场对一般民众的日常货物供应和服务很差。这也反映在您的书中,有时包括一些叹息,但是您好像忘记了那些四处去寻找商品,买东西排队以及其他的不愉快的事情……

我完全没有忘记。相反,我知道得很清楚,国内市场的缺点绝对是多余的。完全可以很简单地加以解决。但是我们还记得,我们曾经生活的那个时代是处于什么样的社会和政治气氛之下。从战后开始,在政治和国家领导层中存在这样的概念:我们必须首先努力建设的是所谓的"社会主义社会的物质基础",从而首先投资在发展工业、交通、能源工业及军事。再加上最后我们还要承担华沙条约成员国的义务,而这常常是硬性要求的。工业投资是巨大的,但是其效率很差,在许多地方缺乏最先进的技术,这样新建设项目不能有效地最终表现在生产率上。当然最重要的是"头脑中的障碍",我想首先是在高层领导人头脑中,对他们来说,国内市场实际上是保证了的:食品充足,衣服和鞋类也是,收音机和电视机陈列在柜台上……这些纯粹的统计图表说明不了供应的价格和质量结构,可以理解,统计不能描述消费者的数百万种的不同兴趣。那时我们常常听到:"大众想要什么?"想什么,很简单,他们都是从西方的一般样本上看到的，能不能有呢？能！只要贷款就可以拥有。贷多少？我们说有几十亿美元就够了，那时我们差不多每天都有西方提出的向我们贷款的建议，因为捷克斯洛伐克曾经是最殷实可靠的合作伙伴之一，利用贷款就可以进口消费品。

读者问：但是并没有实现。

没有实现，因为根据波兰和匈牙利的经验，意识形态上感到害怕，即使是少量的外国贷款也是魔鬼的发明。今天国家和企业如此大量的贷款，使得上面的说法没有人会相信，但是曾经就是这样。

读者问：那么，建议怎么来解决供应问题呢？

继续走自己的路。有时候也可以尝试从经互会（RVHP）进口更多的商品，但是这没有什么意思，那里几乎没有我们需要的东西，即使有，他们也力图要我们付美元。最后，我们自己制造玻璃器皿、瓷器、皮革制品和汽车。

读者问：今天我们的市场上有大量的中国商品——从袜子一直到汽车，那时候如果和中国更多的合作，不会有帮助吗？

但是如果回避政治问题——对莫斯科来说，中华人民共和国还一直是"大恶魔"——客观上我们也不能够做到很多。今天中国的供货是最近20年我们建设资本主义的果实，在70和80年代几乎不存在来自中国的进口，如果有，也是某些罐头、原料、半成品。现在从中国及其他的区域的大量进口毁灭了我们传统的消费品工业。我们没有自己的纺织、体育用品、玩具、一般的玻璃制品及其他物品的工业了。数百个生产单位已经关门，实际上已经不存在。数千人失去了工作，他们在那里已经工作了好几代，在政治变动之后，新政府没有做什么，也没有想方设法使有的产品品种在受到国外竞争威胁时，能够保存下来，甚或还得到发展。我们的各种各样的消费品领域中的专业工作者们总是能够做那些国外还不会做的东西。政府放弃了对我们经济的调节和干预，市场解决一切，其结果是市场变得五光

第七章 为什么我们"不善于运作"国内市场以及谁不想要它？

十色，琳琅满目，但是我们失去许多领域，某些地区好像被抢劫过一样，您不妨到边境地区走一走，那里有过纺织厂、玻璃制品厂、乐器制造厂，现在您看到的只是废墟。简单地说，建立国内市场只依靠进口，这大概不仅仅是我们家里的决策，其后果是值得争议的。我那时建议的利用外国贷款不仅是为了进口，也是为了对我们的生产进行彻底的现代化。

读者问：小客车今天在市场上也是属于一般的商品，读者 Z.P 对您的书写来信说：您只是责怪西方，如果没有德国的"大众"收购，在姆拉达·博列斯拉夫（Mladá Boleslav）的斯科达汽车厂就不会存在了。

我批评西方，没有责怪，您大概是没有看懂。另外我完全同意，"大众"进入捷克是一件好的事情，在我们的时代大约做不到。

今天我们看到，在那边同样数量的职工，生产出比原来数倍以上的高水平的客车，能够打入世界市场，并且对待大家也都很好，这是一个好的例子，可惜的是，在我们机械制造业中没有第二家是这样的。例如 LIAZ 汽车厂是完全关门了，Avia 颠簸在生存的边缘，至于 TATRA 汽车厂，我想已经不能算是个汽车制造厂，只是小产量的装配厂。

您看，上段讲的一些例子多么生动地说明，私有化的想法是成问题的，甚至是愚蠢的——我敢于这样说。那时候的捷克政府和大众汽车公司签订了一个很好的合同，但是后来的联邦政府，受克劳斯（Klaus）指挥的，相信"割草机"式的理论——私有化像割草机，所有的草都被割掉之后，新的植物会重新长起来，我们来看看，怎么长起来，我们只讲消费品方面：OP Prostějov 怎么关闭的？还有 Crystalex，卡罗发伐里的瓷器，Amati Kraslice 等企业？鞋，玩具，家具？我们曾经有过许多许多的食物品种，可现在呢？恢复了私营的烤面包房，不久我读到，面包几乎不用酵母来烤了，而是用什么工业混合剂……。回过来说说汽车，我们曾经在最高层水平上争论关于汽车问题，你们也许记得，我们是如何和民主德国在准备联合汽车的事。

读者问：我们想起来了，后来为什么很奇怪地停止了？

因为柏林撤回了这个合作项目。他们不相信自己。面对着边境以外的汽车强国①，他们干脆就放弃了，只保留了自己生产的 trabant 和 wartburg 两种系列的汽车，对这个国内市场的重要组成部分就这样放弃了。

读者问：为什么呢？您知道更多一些吗？

公开的理由大概是科学方面的，但实际上，和我们一样，是轻视居民需求的综合病。在意识形态上，把缺货看成是优越之处，有些东西我们没有，那我们就断定那是不需要的。我们曾经和日本讨论过合作生产小客车，这曾经是很有希望的，但我们立刻就听到了：和日本帝国主义？美国的同盟国？当时在民主德国，全部政治局委员都开沃尔沃（Volvo）汽车，但对居民来说，就是资本主义传染病了。我的捷共中央委员会主席团的同志们在家里都有日本电视机，但一般人看不到的……是从消费品出借处借来的吗？他们完全不了解：居民的储蓄在怎么样地增加，我们在销售西方商品中有多么大的利润，人们的劳动积极性有多么的高，他们希望不要到处去寻找商品，只要去就能买到。基本原因是我们没有掌握国内市场。心理上的原因还是停留在战争和战后期间。消除饥饿和寒冷，保证有能够遮住脑袋的屋顶等等就够了，这也曾经有了，但是 70 年代，80 年代，客观上情况完全不同了，突然间两居室的住宅对于一个家庭说太小了，一套西服也不能总穿，穿了五年了，家具也不能终身就这套，人们开始更多地受到教育，工作时间缩短了，受过教育、资讯灵通的居民也更多了，我们进行尽可能的教育，但是通向西方的窗户从来不可能碰的一下完全关上。这样就增长了不安静，缺少质量好的供应商品，与之相伴也增加了腐败，以及不断地设法去寻找柜台底下的商品。不去想闪闪发光也许百年之后的光明将来，而是想今天就可得到的外汇商店（Tuzex）的商品，这是最重要

---

① 指当时的西德。——译者注

第七章　为什么我们"不善于运作"国内市场以及谁不想要它？

的，我不讲，在这中间不是没有一小块永远都会有的小市民的虚荣心，但是如何去克服呢？只有充分的商品，这是无限的，在今天我们也有这样的一些人，从早到晚，喜欢寻找商品，喜欢去寻找另外的价格。因为他们有自己的人生观和价值观。这当然是我们的一些同志难以理解的，我们曾经决定如此长期地教育大家在外面要谦虚，直到他们将用钥匙去开自己的房门为止。

读者问：今天住宅也属于一般商品的范畴了，一个房产公司往往提供几千套商品住宅，您作为政府总理，曾经想到过这样的情况吗？

当然没有想过。在80年代末期，我们已经有过如此大量的新式住宅建设，我们曾经不仅可以满足基本的居住需要，而且还有多种多样的住房供应。我想，过不多少年，我们就可以让人们根据面积、住宅地点、甚至于房租的多少来选择住房。V. 哈维尔①曾经把我们的社区说成是养兔场。我没有肯定地说，那是如何尖端的建筑，但是这些养兔场直到今天，代表了人们决定性多数的住房观。并且在取暖以及其他现代化装置方面，肯定要比现在在城市边缘建造起来的新的矮小住宅区要好。现在有数以千计的空闲住宅，建造起来后卖不出去，他们骂我们，说我们不会懂经济，说只有私人资本家会符合经济原则付出资金并有效地获得利润。

读者问：但是您可以将来去住，多好呀？

如果有的话，现在平均每个家庭要支出三分之一的收入在住房以及相关的服务上。这我已经不说什么豪华住宅了。空闲的住房和住宅怎么能够合算（有利可图）呢？这会怎样影响同一老板的其他不动产的价格呢？我记得年轻时的那种住房，今天已经不可想象的了。冷的自来水是最大可能的装备了：房东先生挥动强硬的手喊着：付钱！那时候，住房的确是很小的，因此不动产交易必须真正的赢利。今天来说，似乎空闲的房产也会带

---
① 1989年政变后捷克第一任总统。——译者注

来赢利？还是市场不能给出正确的信息？或者应该由国家或县市政府进行干预？直到完全自由的企业行为？有别的地方，银行会有这样的烂账吗？在对国内生产上能有这样的贷款吗？每一个人都必须想象出来这是什么关系。

读者问： 当然，每一个人也能够想到，房产自由市场也给予人们自由，可以不必依靠人民委员会的公务员们和各种各样的政府房产小组了……

这当然是对的，但这也和房子及业主有关系，因为贷款属于抵押放款，实际上是不允许换房的。

读者问： 让我们还谈国内市场的一个前景的问题，您的一位南捷克同乡，玛丽夫人写信给您，她说您虽然欢迎恢复私人的零售商业，但她感到不是您真心想这样的。

玛丽夫人，我可以向您保证，您弄错了，还在我担任联邦政府内阁总理时，我就支持对私人开放服务业和小零售业的合法市场，您可以想象到，我引起了多么大的恐惧吗？所有人都同意，国家的公用事业多少年以来保证不了良好的服务。所有人都看得到，存在着私人在黑暗中，用谁知道从哪里弄来的材料进行交易。但是要恢复小业主吗？我们又遇到了意识形态问题。在我的书中，写到了全盘国有化曾是蠢事，首先对国民经济来说，是一件蠢事。但是如果按照教条主义关于社会主义的概念来说，管理和检查每一件事都应该由党来担任，那应该对自己的逻辑学也进行国有化。如果一旦有谁实行私有化了，那么谁，哪一位干部来做决定呢？利润怎么处理呢？不会用相应的权力来致富吗？我们又重新回到一个点：做到居民的满意和发挥人们的积极性是不是违反所谓的建设社会主义社会的科学基本点？

读者问： 我看了您书中的有关段落，我必须承认，您也很好评价了私人贸易对城市注入了新能量，在街上出现了新的气氛。对您来说，这的确

第七章 为什么我们"不善于运作"国内市场以及谁不想要它？

是个人好感吗？

对谁不是带来好感？整修一新的门面，经过整修的街道，各色各样的商店，只是我也看到了有些建筑物消失了，代之以赌场。为什么会这样？产生了许多以前没有见过的东西：超级大市场，购物中心，消费及娱乐城！所有人都在骂这些场所，但是大家都去。已经不是共产党了，跨国连锁公司消灭了面包房、肉铺、制鞋作坊和洗衣店。是这样吗？我们可以不过分挑剔地选择市场，竞争是毁灭性的，每一个人都可以选择，也可以通过互联网。那时候，我们每时每刻都在为解决肉或土豆的供应而努力，而今天的政府甚至不知道，这个购物中心包括多少平方公里的居民供应。这好吗？对于顾客是可以的，但对于农业土地，对于小买卖者，对于生态环境就不好了。每天在公路上行驶着几万辆集装箱车辆！所有一切都需要花钱，然而不仅是花钱，那时候和今天都是这样。

第八章
关于捷克斯洛伐克共和国的分裂及其相关的因素

读者问：您在书中写到您对"捷克和斯洛伐克应该在一个国家中"显示了十分激动的辩护，但是一些读者对此表示有保留，也表示奇怪，因为您回避了向斯洛伐克输送金钱（这是有一个人这样写的）的细节，您还是亲自组织了这种输送的。

输送金钱？你们指的是数量很大的预算分配以及向斯洛伐克的大量投资，那是我做了很多年，但这完全是正确的，正常的！完全是这样！每一个国家必须要关心，使国家的各个地区能够尽可能平等地发展起来，而斯洛伐克在 1918 年以后是最严重落后的。数以千计的捷克人到那里进行组织和工作，到学校、到宪兵队、建立了布拉迪斯拉发大学、民族剧院，到国家管理部门工作。捷克的企业开始在那里投资，例如拔佳皮鞋厂（Bat'a）和比尔森的斯柯达公司（Skoda，Plzen）。当然，战前的捷克斯洛伐克政府和她的机构在资本安排的可能性方面是十分有限的。但在战后呢？斯洛伐克曾经在战时受到大得多的损害，生活水平很低，很少工业，农业生产率很低，许多基础设施被战争破坏掉了。在这些面前，我们能闭住眼睛吗？做了些什么呢？从 1948 年开始，在斯洛伐克进行巨大的经济和社会发展，在 1951—1955 年的五年计划期间，产生了要均衡共和国两个地区的生活条件这样的理念，只有这样，才有可能保证国家的稳定。因

第八章　关于捷克斯洛伐克共和国的分裂及其相关的因素

此，我们采取了预算额分配的政策，从财政上、投资上发展斯洛伐克，在这里出现了新的众多的工业，常常是高度的技术水平，比在捷克已有的工厂要高。当然用老的技术和工艺来建造新的工厂在经济上是没有意义的，斯洛伐克在经济上、财政上和投资上都处于优先——斯洛伐克地区是共和国两地区的利益，捷克和斯洛伐克的研究所、工厂、政治家们以及各州、城市、区、村都存在交锋和冲突。

直到今天，回想起来，当年在讨论制定五年计划和年度计划的气氛常常是十分紧张的，因为这种讨论牵涉到两个民族地区预算资金及投资金额的分配。

读者问：根据各个在场目击者的证言，这种讨论是戏剧性的，以至于是泣血的……这里用的还是轻微的用词吗？

在1959年的下半年，当时我已担任农业、林业和水利部部长，参加了讨论第三个五年计划（1961—1965）概要的国家计划委员会 SPK（Státní Plánovací Komise）的全体会议，我同时也是国家计划委员会的委员。提交讨论的有五年计划的初步考虑，其中有几种方案及重要的预算、发展的速度以及投资结构等等。同时在建议中，在捷克和斯洛伐克地区的投资发展的概念上有不小的争议。每一个参加讨论者，毫无例外地都表示明显的怀疑，只要是与其有关的。我注意到，没有人完全不感到奇怪，在这里争吵的是捷克和斯洛伐克利益的代表人。

那时我在布拉格的中央机关工作才开始几个月，在这之前，我差不多有9年之久在南捷克工作，在那里我们经常讨论，为什么我们的地区经济发展相对地较少，为什么投资的规模远远小于共和国的其他区域？但是，这是经过了激烈的争吵的，国家计划委员会的捷克委员们自然要与斯洛伐克的委员们对立。

读者问：那么谁是法官，谁最后决定？

在紧张的讨论中，政府副总理兼国家计划委员会主任奥泰卡尔·西姆耐克（Otakar Šimůnek）发言，他进行了深入的分析和完美的论证，用事实和数字说明了斯洛伐克预算预分的范围和结构组成的正确性。他强调，这个概念将适用在以后 1980—1990 的五年计划中，事实上也是这样做了。

我逐渐地明确了，国家计委主任，他的副主任和其他负责人完全明白其严重性，在这个问题上会引起政治爆炸。在和西姆耐克主任或他们副手的进一步的个人谈话中，我知道了，他们是经过事实证明的，是依据不少民族国家的国际经验，是适用于制定在经济上找平两个或多个民族的中长期规划的概念。

因此，我想多讲一点关于国家计划委员会。

这是这样一个部门，他的首脑是挑选出来的有经验的经济专家，首任是政府副总理雅罗米尔·杜兰斯基（Jaromír Dolanský）博士，然后是奥泰卡尔·西姆耐克工程师，以后继任的有奥尔德日赫·切尔尼克（Oldřich Črník）工程师、弗朗基舍克·伏拉沙克工程师（František Vlasák）、弗拉斯基米尔·胡拉（Vlatimil Hůla）工程师及斯瓦托柏罗克·波泰茨（Svatopluk Potáč）工程师。通常总是推荐受过良好教育的、有经验的、熟悉捷克斯洛伐克经济的专家。杜兰斯基和西姆耐克都是令人钦佩的，受过良好教育的人，绝对有礼貌，甚至于十分温和，但对共同工作的同事要求严格。

我自己有机会和国家计划委员会的负责人，特别是第一副主任伏尔纳（Vlna）工程师和库尔特·罗兹西帕尔（Kurt Rozsypal）教授进行过多次单独讨论，听取他们对目前和将来的捷克斯洛伐克经济的看法。他们及时和坚忍不拔地提醒注意：现在的中央经济体制已经过时，他们努力说明：如何用尊重价值规律的体制来永远代替它，但是实际上，不断增长着地、相当强烈地、在某些方面是决定性地从国家权力来的压力。"我们不断对自己面对的不良问题施加压力，但它们在不久的将来，可能又反过来压迫我们"，这是在捷克斯洛伐克国家计委两位有影响的经济活动家的警句。这个经济学专家的诊断没有被重视，而是响起了另外的来自党的领导层内有

第八章　关于捷克斯洛伐克共和国的分裂及其相关的因素

影响人士的声音，说经济学家不懂得政治。大概早在 1968 年，就有可能引起正面有利于改革的转变——但是我们都知道，在那年的 8 月发生了什么。

我很高兴来回忆围绕奥泰卡尔·西姆纳克的集体。他本人是一个不寻常的工作狂——从早晨到早晨，这经常是他的制度。在讨论五年计划或年度计划的建议时，我有时在晚上 12 点被邀请去讨论，直到早晨，而 9 点再继续进行。主任和部长们亲自讨论计划的建议，有关的副主任也参加。

这样不知疲倦的国家纪委主任从他的同事们那里挣到了这样的低级笑话，题目为"为什么主任晚上不及时回家？"他的夫人等着等着就睡着了。惹人喜爱的西姆耐克夫人知道这个笑话，她带着满意回答说："可能他在这方面有正确的东西"。

读者问：让我们回来谈捷克和斯洛伐克的关系。

正如我已经说过的那样，那时必须改变斯洛伐克，提高到现代化水平。从现代化的工厂开始，经过教育包括高等学校及研究所以至医院、数千万所住宅，这需要几十个亿，然而是正确的！在 70 和 80 年代，这些投资已经开始回报。我记得不仅是斯洛伐克的企业参与了在捷克和摩拉维亚的建设，还有现代化的兵器工业、重工业、东斯洛伐克炼铁厂、炼油厂、化工厂等等，斯洛伐克开始有很大的出口比例。这样我们不讲金钱流，而讲投资的回报。

读者问：等一等，当 1992 年捷克斯洛伐克一分为二时，在布拉迪斯拉发有不少传言，说他们对联邦付清了债务。

事实，事实是重要的，而不是高声地叫喊。仔细地说：消息不多的人们可以硬说，他们想要什么，但是如果谁真想知道客观的数据，可以的，有这些数据。

读者问：在事实中间还有这么一件事，正好在您担任政府总理的时期，在斯洛伐克建立了强大的武器工业，在 90 年代初，他们都关闭了，引起了对布拉格的仇恨大潮。

我们按顺序来讲，捷克斯洛伐克在第一共和国时期就是武器强国，有的资料来源说，曾经生产过欧洲的四分之一重武器，也可以指出，希特勒渴望在占领我国之后，在相当程度上力求加强这方面的能力。战争时期，这曾是对待"捷克和摩拉维亚保护国"的特殊政策——要尊重在我国的武器工厂存在的意义。简单地说：捷克人的命运作为民族来说，对纳粹德国是无关紧要的，而兵器工厂员工的命运和积极性，德国人特感兴趣。

解放之后以及40年代末的悲剧性的政权变迭之后，莫斯科的眼睛当然集中到我们的兵器工业上。我好几年在各个职务上，都曾经是我国的国防委员会委员，因此关于这方面我知道一些东西。

在斯洛伐克，已经在第一共和国时期建设了兵器工厂和炸药厂。然后，当产生了各社会主义国家的共同防御政策以及对付未来欧洲各种潜在危机的计划，可以理解的是，逐步地改变了捷克斯洛伐克兵工厂的布局。斯洛伐克没有处在直接的冲突线上，因此可以理解的是，这里成为建设新的同类工厂的较佳地方。

这样，出现了大型的乃至有时是巨型的生产坦克、飞机发动机、弹药等其他兵器的工厂，以世界标准来说，也是具有巨大的能力的。当然，我们也大量出口这些工厂的产品。

在欧洲发生了根本性的政治变化以及社会主义阵营的崩溃，势必带来这样的问题：这些兵工厂还需要吗？

没有分析世界市场的趋向，也没有仔细思考如何合理解决，只是从捷克斯洛伐克的不同政见者们的主观世界探寻答案，而他们在各个方面，其见解大都是天真幼稚的。我们不要武装了，以此来迫使别人也不要武装！对此能说些什么呢？

情况的发展清楚地表明，这样的考虑是多么的愚蠢。世界武器市场继续在增长，美国已经在生产世界一半的武器，别人代替了我们的技术。现

第八章　关于捷克斯洛伐克共和国的分裂及其相关的因素

代化的斯洛伐克生产能力,可以一部分转变为民用生产,但是被统统关闭了,我完全看不到,从布拉格城堡①来的这种决定,对许多普通人民有什么好处?捷克人把我们(斯洛伐克人)变成了乞丐!也这样发生了。

读者们:然而我不想相信,互相的关系曾经是这样的密切和牢固,就如有人说的,难道一个经济—政治上的决定就完全将关系破坏了吗?

直到今天,我和我杰出的朋友、斯洛伐克政府多年的总理彼得·佐洛特卡(Peter Colotka)仍然经常见面和长久地谈话,在我们之间,什么也没有破坏掉,您也知道,在几十万捷克人和斯洛伐克人之间,也是这样友好来往的,我们没有了共同的国家,这很遗憾。我们在欧洲的发言权本来可以更强一些,我们的经济应该是更稳定一些。但是我们能做些什么呢?在我的生命期间已经不能有什么改变,有朝一日……谁知道?

读者问:不止一个的所谓"绝对可靠的消息"说:原因完全是表面上的联邦制,被胡萨克歪曲了,还有您的整个领导层,都认为是正常的。您曾是反对的,但不能做什么,胡萨克他决定一切并且过分优先考虑斯洛伐克……

是的,是的,我知道。胡萨克从他进入到党的最高职务的时候开始,从来没有,我强调,从来没有干预过这些问题。他尊重联邦政府和两个民族政府的责任。这好像是空洞的话。两个民族人民和他们的代表本来就已经什么也不能决定,所有都掌握在党的手里。党的总书记是斯洛伐克人,最有影响的斯洛伐克思想家。上帝呀!谁能这样讲,只有那些需要对我们的体制扔去一切东西的人!如果从这一点来说,有谁曾经抱怨的?那可能是捷克人,捷克人甚至于没有自己单独的党②。从逻辑上说,合理的建议在通过多次的争吵讨论之后,要提交给两个民族的领导人。胡萨克对什么也没有歪曲,他很懂得,民族问题是,或者可以成为爆炸性的,根据这个

---

① 捷克总统府。——译者注
② 当时只有捷克斯洛伐克共产党和斯洛伐克共产党。——译者注

关键考虑，他从来不将它们拖入问题的评论中去，即使是他在监狱中学的捷克语也是真诚的，而不是谋取私利的。谁会相信，说民族政府、民族机构什么也不能做，这真是不知道真正的情况。这个民族政府和机构会很好地把握他们自己的职权范围，掌握自己的优先权。最后，他们的总理也坐在中央委员会主席团里，在那里他们不是凑数的。

　　读者问：但是在您自己的书里，您多次对党决定一切表示遗憾……

　　当然，曾经是这样的。我只想指出，党也是包括具体的人和具体的命运。有的人来自布拉格，有的人来自科希策，在原则上，我们不曾有过某些民族性质的争吵。当然有时说得较清楚的是关于投资，永远不能满足所有的需要和申请。因此我们必须决定，是先建设在罗佐姆培罗克（Ružomberok）的化学纸浆工厂呢，还是摩托尔（Motol）的医院？通常都能够找到合理的解决，但是也会发生某一项被搁置，某一项被优先的情况，这中间可能会有某些有关民族的潜台词。如果我们讲捷克斯洛伐克，从这个观点就不会有这样的潜台词了。今天，我假设可以这样来讲：如果有一个公司名叫捷克斯洛伐克，那么她将有怎样的前景，什么样的效果和什么样的利益呢？

　　读者问：经过这么多年的独立之后，从哪里拿起了这种渴望？人民群众曾经是那么的愚蠢吗？

　　我应该对此说些什么呢？我想我只是重复一下，在1989年11月，人民群众的确并不希望要我们现在这样的资本主义。但是，有一个关系是值得注意的：在所有的前社会主义国家，出现了强烈的民族倾向，血腥的南斯拉夫、争吵的乌克兰、匈牙利对于从别国来的人群的国籍、格鲁吉亚……然而某些事情是不好的，爆发了这么多的独立，可能还是爆炸性的。民族主义好像是某些东西，代表了某些人，好像应该迅速代替有过几千种错误的社会的损失，然而只是许愿提供了某些稳定：工作、社会保障体系、一定程度的平等等。我想，我们也落入了幻觉：只要改变了所有制

第八章　关于捷克斯洛伐克共和国的分裂及其相关的因素

关系就会改变人的本质，但是在表面下，保留着贪得无厌、毫无顾忌、不尊重他人，当前的资本主要需要这些品质。看不见的市场的手主要是毫无顾忌，而当向人民群众说教的时候，说什么你们的贫困可能是邻近的民族引起的……

读者问：我们再回来讲捷克斯洛伐克的一分为二的分裂，谁从中获到好处了？

政治家们，他们庆祝了。还有民族主义者们和各种类型的头脑简单的人们，两边都有。还有那些希望见到比较弱小的斯洛伐克和捷克的国家。要具体化吗？我到今天还不明白，在1992年分解共和国是怎么做到的，少数人怎么可能违反法律地、不负责任地决定废止捷克斯洛伐克共和国？两个民族在历史上是力求支持在一个共和国内的。关于国家的分解，我没有想到国家会分解，对这种方案在捷克方面确实没有严肃的支持者。同样，我也得到证实，斯洛伐克居民的绝对多数希望生活在共同一个国家内，当然要在平稳的协调两个民族共和国的职权范围的前提之下。因此，我一直同意这样的观点：关于捷克斯洛伐克的一分为二是受内部经济及金融改革方面的分歧所决定的。如果经过有人事先好好商议：国家已经成立这么多年，几十年来共同生存，这些问题比较起来属于次要的事情，情况可能就会不一样。对这个国家分解的有罪人，在两个民族和历史面前，要承担完全的、不值得令人羡慕的责任。

第九章

1989 年——政权转给了反对派

读者问：这样，我们转到来谈 1989 年的事件。在《回忆与思考》中，您实际上没有讲这一年秋天发生的事，我们知道，您在那时候已经退休了，许多读者不相信，您在这个历史时刻没有自己的观点，您也没有从政界头面人物处来的特别信息……

1988 年的 9 月，我从捷共中央委员会主席团和联邦政府总理的职位上退了下来，从这时候开始，我大部分时间都在伊塞拉山区（Jizerské Horý）的农村别墅。我当然也通过大众媒体注视政治事件的过程，有时也和朋友们以及过去的同事们和干部们谈话，他们到 1989 年的 11 月还在党和国家的领导机关工作。

在那个时候，特别在 1989 年下半年，我们十分清楚，在我国以及其他社会主义国家中的不断增长的危机情势下，非常遗憾的是完全不可能商定一些合理的理念，以从不断恶化的局势中走出来。首先，苏联的领导层只是被动地观看我们阵营中各国的不断深化的危机。我们强调：在长达几十年的时期内，莫斯科教会我们的是：不允许各个国家独立地做决定。戈尔巴乔夫自己对正在进行中的变化的反应是，最初就像吵吵嚷嚷地在全世界通讯媒体中公布的那些反应，他认为是社会主义失败了，要结束了，稍晚，他的反应就不专业的了，一天一天地充满矛盾。在我看来，他好像只

第九章 1989年——政权转给了反对派

是在评论昨天发生的事情——甚至这些也不是高质量的。苏联领导层的权威,且不论这个领导层是在什么来源上形成的,遭受到了怀疑和挑战。

读者问:但是捷共领导层那时有自己的政策——谈论改革,却不做。这您是知道的。

是这样,我是亲历的。哪怕是利用新的机会来谈判撤出苏军,哪怕只是试试看,然而,当时的政府总理 L. 阿达美茨(Adamec)提出这个建议时,主席团拒绝了。大家只是简单地流了些眼泪,我们完全没认识到,周围发生了什么?在波兰,1989年6月,形成了以马措维斯基(Mazowiecký)为总理的团结政府,在国内取得了决定性的影响。在匈牙利,通过了新的"非社会主义的"宪法,选举了新总统。9月,在民主德国产生了新论坛(Neues Forum),作为各个反对派别及团体的最高机关,埃利希·昂纳克(Erich Honecker)下台,来了爱格·克伦茨(Egon Krene)。1989年11月10日,保加利亚共产党总书记和国务委员会主席托多·日夫柯夫(Todor Živkov)离开职位。

所有这些在社会主义阵营国家中的变化——这些国家是在华沙条约及经济互助会的框架内,由牢固的、法律上精确规定的章程所连接起来的——不仅为莫斯科领导所同意,还是由他们建议的。在那个时期通过米哈依尔·戈尔巴乔夫(Michail Gorbačov)清楚地表明:希望在党和国家的领导岗位上做根本的人事变动。

在这种情况下,在捷克斯洛伐克社会主义共和国发生了什么?

在1989年10月,捷共中央委员会主席团会议上,古斯塔夫·胡萨克总统在讲话中警告说:"你们没有看到,围绕咱们某些人很糟糕,你们不做些什么吗?"但是捷共领导层呢?反应是绝对令人吃惊的,不表态。

在这里,我再加上几句,1989年秋天,比拉克(Bil'ak)带了一个建议来见胡萨克总书记,建议说:"我们准备接受您的职位"。总书记明确地表示拒绝,说这是党以及社会都不能接受的。这是胡萨克和我在谈话中讲的。今天已经不成为秘密的是：戈尔巴乔夫认为只有我是支持改革的，但是最后他表示遗憾，改为支持雅凯什（Jakeš），戈尔巴乔夫的论据是：正因为支持改革的立场，我不会得到主席团成员多数的支持。

回到那时候的捷共中央领导层，不仅是他们，还有政府，都无法理解的是，不去追踪也不去核实国内有实力的队伍的情况——这些队伍特别是指军队、安全机构包括秘密情报部。在1989年的下半年，表现出许多迹象；特别是围绕劳伦采（Lorence）将军的情报部的年轻成员，对党的领导成员进行批评，表示了对国内局势的不安。力图去掌握这个有实力队伍的局势实际上不是很困难的。在党的领导层中，有两位政治局委员是"主要的嘴巴（发言者）"雅凯什和霍夫曼（Hoffmann），他们是那时候的主要的干部人员变动的发起人。如何进行了高质量的人员变动，包括在政府内阁中，我现在不作评论。连扬·佛依基克（Jan Fojtík）在那时候也都预先看到了：现有的领导层掌握不了将要到来的危机。那时候的捷克斯洛伐克社会主义共和国十分"安静及和平"，好像在我们周围什么也没有发生。捷共中央委员会主席团和政府照常开会，作出一般的决定，似乎看上去，我们的盟国发生的根本性的政治上、国家法律上以及人员上的变动和我们概无关系，对于可能的在整个社会中今后发展的几种不同情况及其可能触及我国利益的后果，都没有进行原则性的讨论，没有制定出应急方案，也没有提出来任何的考虑措施来面对明天就可能到来的情况：特别当我们主要的伙伴国家，在国际政治和经济合作方面，改变了发展自己国家的基本纲领。

在历史性的紧张关头，在政治上采取这种行为，只能有一种解释：是在赌博。

读者问：为什么？根据您的信息，在已经很明显的发展前面闭上了眼睛，这是为什么？

这和捷共的整个历史及其与苏联的关系有一定的联系。有些读者们也

第九章　1989 年——政权转给了反对派

这样问过，我讲讲自己的观点。关于在 1989 年，我到今天还不明白，那时的捷共中央委员会主席团在国内是有决定性的权力的，而且是负有完全的责任，主席团装出好像什么都没有发生，即使看到了发生什么事，那也和我们捷克斯洛伐克没有关系。增长着的国内不稳定和各个反对力量的活动都要求考虑对那些有目共睹的，对体制来说是不愉快的，甚至于需要警惕的变化，进行正式的、传统方式的评议。安全机构的镇压干涉明显不起作用，过分强硬的对反动派的干涉，只会明显引起反对派领导人威信的提高。

捷克斯洛伐克共产党在那时候准备进行下一届党代表大会的召开，这一届代表大会预定在 1990 年上半年召开。正如在一般大会召开之前那样，传说在党领导层要进行相关人事变动。捷共中央委员会总书记米劳什·雅凯什在自己的小圈子里，谈到了他考虑选择新的年轻的负责人进入最高职务，除了其他人之外，讲到了当前的布拉格的捷共市委书记米罗斯拉夫·西吉潘（Miroslav Štěpán），也进行了讨论，捷共总书记应由朗基斯拉夫·阿达美茨（Ladislav Adamec）担任，阿达美茨总理提交给雅凯什关于在党中央委员会主席团进行某些人员变动的建议，据说这些人在党的领导层中不支持在政治和经济领域进行改革。就是这样，浪费了许多能量在干部的变动和调动上，将基本的政治问题放到了旁边。

读者问：但是您有这样的信息，不是所有的人都这样地被动。

在这个复杂的形势下，来了一个没有什么意思的赌博，是由内务部第一副部长劳伦茨（Lorenc）将军和中央委员会安全部部长鲁道尔夫·海根巴尔特（Rudolf Hegenbart）共同组织的。他们商量好要决定形成合适的形势，以达成变换总书记及其他主席团的成员。他们考虑的政治变动是没有经过很好思考的，在组织上也是没有准备好的，主要的组织者十分天真地设想，单纯地在党和政府领导层中的人事变动，就能够完全解决国内一天比一天加剧的危机局势。

1989年8月间，雅凯什和阿达美茨在苏联的克里木休假，劳伦茨和海根巴尔特以及中央委员会书记约瑟夫·列纳尔特（他在党内负责外事领域）一起，在布拉格的"巴黎酒店"和某些北大西洋公约国家的大使馆的代表开了一次会，根据那时的外国记者的报道，要准备更换中央委员会总书记雅凯什。雅凯什和阿达美茨那时一点预感也没有。接着，劳伦茨和列纳尔特拜访了某位捷共中央委员（名字我不说，因为有关的人不同意），建议他担任共和国总统的职务，根据他们的意思，这一职务也要变动。

从进一步大家知道的事实来看，这个人员变动的计划丢出窗外，变为雅凯什下台，建议由列纳尔特担任他的职务，在当今共和国总统辞职之后，由一名捷共中央委员接替，任命劳伦茨为政府总理。对列纳尔特的另一方案是担任斯洛伐克共产党第一书记。

然后，对有关11月17日的事件进行了严重的挑拨。我的意思是指策划出来的"大学生西米达（Šmíd）"在民族大街之死这个事件。这个挑拨性的、不真实的信息广播出去，并且在包括国外的大众媒体上公布了，经过30多个小时，还没有找出从法律责任上应该由官方人士中的谁来担负责任。这样局势就上了一个新的台阶：大众的憎恨集中到捷共及其领导层，直接指向了雅凯什。

读者问：到这里我们稍为走快了一点，让我们从民族大街再回到捷共中央委员会大楼。

我想，我知道在那里正在说些什么，我们不必太多地回到那里去。我从来不依赖间谍活动，但是在那时代在我国及其他盟国的情报部门从事的活动，恐怕有很厚很厚的记录。不要光说北大西洋国家的情报活动，在我们这里还有十分强大的苏联情报组织，捷克斯洛伐克情报组织自然对此是知道的，我确实怀疑，这些最高领导人知不知道。简单地说，内务部的机构和领导按自己的、不取决于捷共的政策来活动，而且有自己的目的，但在我看来是幼稚天真的，他们打算推翻雅凯什，给人们推荐另外的党领

第九章　1989年——政权转给了反对派

导，但不是另外的政治路线，这里你们可以看见：有数百页的秘密情报，千名间谍，数百名被窃听者，但是如果你没有现实的、客观的政治分析和解决问题的理念，您同样会成为残酷的国内外社会力量的玩物。如果您希望，我们可以再简单说说迷失方向的党的主席团。这仅仅是偶然的事吗？11月17日一整天，雅凯什和其他的领导人都被内务部领导人告知：确认一切都平静无事，一切都在控制之下。总书记被确实告知，内务部将尊重他的指示：避免任何的激烈冲突。这样，所有的主要负责人在那个星期五都离开布拉格，大部分到奥尔利采（Orlice）水库的党休养中心，其他的回家到捷克或斯洛伐克，劳伦茨据说到布拉迪斯拉发，海根巴尔特到摩拉维亚自己的度假屋，内务部部长金格尔（Kincl）到奥斯特拉发给内务部成员颁发奖章。中央委员会书记扬·佛依基克（Jan Fojtík）在11月17日傍晚乘飞机从莫斯科回国，在鲁秦尼机场不寻常地受到内务部军官的迎接，如果他要问什么的话，回答是一切都正常，他可以直接到奥尔利采休养中心去。我们要提醒一句，佛依基克在捷共中央委员会是负责大众媒体的，他有特殊的可能条件去立刻介入消除关于大学生死亡的谣言的活动，在萌芽的时候，在第一时刻去消灭这个"政治炸弹"。我们不要忘记，在这几天中，每一位电视、广播电台的台长及每一位主编都在被要求"听话"。非常可能存在这么一个策划：当出现大学生死亡的消息时，最好党的领导人都不在布拉格，这样就不能够即时、直接地去处理和对待有目的的、有组织的媒体歇斯底里，一名大学生死亡的假新闻是具有挑拨性的，他起了反体制的群众抗议行动不可代替的导火索的作用。

　　读者问：在那时候，大家也不明白：实际上发生了什么？在大街上已经聚集了数十万人，而党的领导人一直到星期日的下午才聚集起来，政府则一直到星期一才到齐。一切都太迟了。

　　假新闻继续传播了三到四天，没有人来辟谣。群众对体制的不信任每一小时都在增加，即使责任查清楚了：情报部门的有关负责人没有遵守避免激烈冲突的指示，但没有采取追究责任者（包括副部长劳伦茨）并将他们免职的措施。

读者问：您对这些事件有可靠的证据吗？

很可靠。我曾经在60年代担任过内务部部长，而且除了其他以外，我还承担任务去清理50年代的违法事件及对恐怖事件应负责任的部门和人员。这些违法和恐怖今天已经声名狼藉，因此我知道情报机构，如何在失去政治控制和领导的时候会瞎折腾。如果谁有可能知道国家机器和所有的权力机构是如何运作的话，那就不能够理解为什么党的领导、国家安全委员会的负责干部在1989年下半年，对共和国存在的情况没有做出反应？在这种局势下，秘密情报力量就常常会耍出它的显著的作用了。在苏联，即使在戈尔巴乔夫时期，也没有人否认这一点。80和90年代，在苏联高层领导的人事变动的历史是众所周知的，特殊情报力量首先支持的是戈尔巴乔夫，而在他解除一切职务之后，又积极参与并转而支持叶利钦。接着就共同合作导致戈尔巴乔夫的辞职，出台特别的宪法法律，赦免了总统的重要罪行，此罪行是总统决定要用武力镇压俄罗斯议会的抵抗。最后，又支持普金（Putin）入住克里姆林宫。那些喜爱间谍活动的人，可以问问：大国强大的特殊情报力量明天会做什么？

劳伦茨和列纳尔特进行了进一步的讨论，海根巴尔特被建议接过斯洛伐克共产党中央委员会第二书记的职务，但海格巴尔特在自己的答复中拒绝了，列纳尔特被拟定接过政府总理的职务，据说大家都保持中央委员会主席团的成员。

这样进行了捷共中央委员会1989年11月24日的全体会会议，M.雅凯什对他的去职长长地犹豫不决，他的报告不值得去认真评论，党中央委员对严重的局势都不知道，当然他也建议不出来局势的出路，所以没有什么奇怪的，对他投了不信任票，他从主席团退出了。

读者问：这立刻引起了公众暴风雨般的、赞同的反应。我们所有的人

第九章 1989年——政权转给了反对派

都紧张地等待着,谁会被选为中央委员会主席。您确实决定赞成这个虚弱的班子的首脑吗?

我自己也赞成辞职,我对我这样的决定不感到惭愧。领导不知道,也没有向全体会议说想做什么。这样就产生了政治上的奇谈怪论。辞职并没有调和,而是激励了反对派力量。提出了两名总书记的候选人:卡尔·乌尔巴纳克(Karel Urbánek),他至今担任捷克地区管理党的工作的办公室主任,还有就是已经多次提到的鲁道尔夫·海根巴尔特,在中央委员会的讨论中,还提出了让我作为候选人的第三个建议,对此我表示坚决拒绝。海根巴尔特是由中央委员叶什娜·西伏尔措娃(Jiřina Švorcová)推荐的,在发言中,她撤回了其在全会之前发表在"红色权利报"①上关于自己对克服在党内和社会上的危机的观点的文章。

对选举海根巴尔特的建议有自己的逻辑根据,他是政治上有经验的、反对党在政策上的教条主义观点、经过专业训练的干部。他关于倾向科学技术发展、解决环保问题等做法,在党的政治领导人中是突出的,他在至今的政治实践中也证明了他是急需的改革的拥护者,并具有将改革推进到实际生活的想法。

老的主席团的负责干部们——特别是霍尔曼、雅凯什和G.胡萨克安插了卡尔·乌尔巴纳克。然而这是完全没有很好考虑的——乌尔巴纳克是没有经验的、没有准备好的——是不负责任的。

总而言之,我们选举了新的主席团,这个主席团在主观上没有可能来掌握局势。积累了一个错误,又来了第二个错误,然而我们明白,我们从多年来正常化、束缚思想意识、苏联领导人的不断政治干预的土地上进行收割了。在这样的状况下,是不可能有全新的、现代化的、能干的一代干部成长起来的。不是的,实际上,除了这个错误的解决方案,我们没有另

---

① 当时的捷共中央机关报。——译者注

外的可能性。

读者问：现在我们来说您的读者们比较大的一些问题，归纳起来就是一句简单的话：怎么可能，捷共会像在阳光下的雪，一下子就融化了？他拥有150万名党员呀！

对这我想用问题来回答：这些党员消失到哪里去了？为什么会消失？首先很显然的是党员们在等待，党会实现布拉格之春的思想和纲领、社会的政治秩序及经济的改革。然而党员们等到了进一步的大失望，除了大家一致认为的历史原因，关于这点，我在我的书中谈到了，现在补充一点，在1989年年终时，遗憾地缺少关于今后时期的合理概念——如"如何保护社会主义至今的成就的纲领"。阿达美茨和恰尔法有过类似的东西并为此努力过。

关于摩赫里泰，我们只可以说说他的命运。当阿达美茨辞去政府总理职务的时候，有一组不同政见者在奥波罗达（Obroda）开会提出最高职务人事变动的建议，原总理奥尔德日赫·切尔尼克也和新当选的总书记会谈，他提建议由亚历山大·杜布切克任总统，凡特尔·科玛莱克（Valtr Komárek）任总理。然而乌尔巴纳克根本没有把这个建议正式提交给主席团，其中证人我不便指出其姓名。

选举杜布切克为总统的建议的提出有一段历史，杜布切克本人对此职务表示避开。

我的看法是这样的，对此国家最高职务的追求者另有一人：瓦茨拉夫·哈维尔（Václav Havel）。

读者问：有许多信带着一个相当紧迫的要求，请您公开对下面的这个关键问题发表意见：您今天认为是什么样的政治手腕导致选举瓦茨拉夫·哈维尔为总统？

还是在那个过渡时期，古斯塔夫·胡萨克还是总统时，联邦德国政府办公室的两名成员在政府总理办公室的走廊上告知哈维尔·在斯洛伐克选

第九章 1989年——政权转给了反对派

择了他作为捷克斯洛伐克未来的总统,希望他考虑到。哈维尔当然是准备去挑这个"沉重的担子"——正如他自己说的——他将不很"愿意地"接过这个担子。同时跟他说,也许是开玩笑,因为自己不同意没有说得很严肃,如果他对此不同意,他们必须选择别的人,如果哈维尔不当,还有另外的人,如考恰勃(Kocáb),这当然是个假名,类似的以后还想象出来好几个。

读者问:当然是传说了,哈维尔的社会支持一下子变得很巨大了。

不能够只根据瓦茨拉夫广场来评论局势①。在11月的日子里,不曾有全国性的支持哈维尔,公民论坛党也远远不是那么一致。正如大家知道的,现实的可能是新总统由朗基斯拉夫·阿达美茨(Ladislav Adamec)担任。那时期已经很明显,在我们这里的情况开始由西方来决定,特别是联邦德国的外交官和这个国家的情报人员活动得十分积极。环绕阿达美茨的顾问和朋友们得出结论:经过所有围绕他的犹豫,选举他担任总统是客观上的最佳方案。作为移交政权的男子,在那些日子里已经为大家所熟知,可以推断,在一定程度上可以推断,也有人民群众的支持。他的同事们也料想,通过民主直接选举将加强他的地位。这一次民主选举将能够比较容易地实现。议会不拖延地批准一定的相关法律和选举方法。用这个办法可以限制其他的亲西方班子取得政权的可能性。由政府新闻发言人M.帕维尔通告了这个方案,望引起公众讨论并作为有关政治协议的前提。反对这个直接选举总统的方案在西方各媒体渠道即所有主要的报纸上,都爆发了侵略性的、暴风雨般的运动,运动的口号认为这样将导致破坏在捷克斯洛伐克恢复民主的原则。这样,他们对我们国家暴露出骄傲自大:我们没有权力来考虑自己国内的政治。他们傻乎乎地向我们说:我们应该做什么,而我们自己不能想出什么来,然后我们国内的"新执政者"对这些国外的

---

① 瓦茨拉夫广场在布拉格市中心,是群众聚集最多,发表各种议论的地方。——译者注

叫嚣再添上点什么。公众被媒体施加压力，说这是不民主的，整个建议就这样被丢到桌子底下去了。今天哈维尔反过来又一定希望由个人直接投票选举总统，说对他不碍事，虽然说过"这不民主"。但考虑到今天国内的政治情势，不可能获得某些大众支持。

1989年11月底，政府总理的同事们替政府准备了一些建议：保证自由和民主的选举，公布经济和社会发展方面稳定和反通货膨胀的纲领。然而这不是什么还可能起积极影响作用的力量了。阿达美茨总理随着时间被一件件事情拖拉着，任何的建议都已经没有意思了，已经没有人再来研究这些了，当时弥漫着一片惊慌，口号是："能逃的自己逃吧！"

经过一系列的在公民论坛党内的对立的讨论和决定，V.哈维尔取得了多数的支持，建议他担任共和国总统的职务。杜布切克——不管他在群众集会上经常被喊叫"杜布切克进总统府"——对他的支持不仅在布拉格，在斯洛伐克的"VPN（公众反对暴力党）"内，也没有得到，只有奥勃罗达的会谈将杜布切克列为总统候选人，并且认为他是布拉格之春的代表人物，是国家最高领导人的合适的候选人，比起哈维尔来，他是在捷克、斯洛伐克以及国际上的公众中，唯一的著名人物。哈维尔和杜布切克举行了多次个人会谈，会谈谁应该是总统，会谈没有得到明确的结果。目前公布于众的消息说："在哈维尔和杜布切克之间达成了相互协议"，但这和事实不符。杜布切克实际上要面对公民论坛党和斯洛伐克的VPN党达成的协议，让哈维尔作为总统候选人。

读者问：因此捷共领导层和其他的国家领导人对此没有任何的影响？

所有的证人都说，关于总统候选人的职位的关键决定过程，他们都没有参与，只有G.胡萨克总统在这个问题上的观点是非常有趣的，他作为还在位的总统，自己准备要辞职了，但没有推荐选举A.杜布切克为共和国的总统，我力图去理解，胡萨克考虑了所有什么之后，得出了这么一个结论？对于我来说，这是一个令人惊奇的结论。我不能去掉我的怀

第九章　1989年——政权转给了反对派

疑，是不是没有忘记他们两人（斯洛伐克的两位高层政治领导人）在过去的斯洛伐克政治历史上的个人立场方面的相互关系。虽然时间过了很久，但并没有改变什么。根据我的看法，这是在国家重要事务上的错误决定。即使是我来考虑，在一起两个斯洛伐克星座——总统杜布恰克和总理恰尔法（Calfa）——是不能通过的，是不可接受的，我在这里也找不出拒绝杜布切克作为总统候选人的决定性理由。接着我已经完全不打算来评论各种未经证实的公开资讯，说胡萨克或戈尔巴乔夫推荐 V. 哈维尔为共和国总统。

存在完全经过证实的消息，说戈尔巴乔夫通过捷克斯洛伐克驻莫斯科大使"转告"说，总统候选人最好是 V. 哈维尔。我想对这样重要的问题用这种通讯方法，最好不用去评论。但是如果我们来评论一下戈尔巴乔夫在那个时期所做决定的质量如何，那么……作为国务活动家，他允许了一个世界强国的解体，当他让人来转告他的意见的时候，事实上他已经什么也没有，什么也不是了。这位先生曾在 1985 年世界政治奥林匹克大会上讲话时，答应不再干涉别国的事务。

戈尔巴乔夫那时候对捷克斯洛伐克的不同政见者以及其他代表人物有许多信息。苏联情报组织长期以来——已经从 70 年代中期开始——活动在各个渔民酒店，那里是反对派的会面场所。他们和不同政见者及宪章运动派的黑色活动也分享给了当时的捷克内务部部长奥勃日纳（Obzina），至于谈到 G. 胡萨克在 1989 年年终时期所扮演的角色，我考虑他已经在那个关键时刻，有些被排除在解决和决定重要事务之外了，那时候，已经对他不严肃地实行："胡萨克在总统府靠边站"。当胡萨克被问询和被邀去谈话时，作为一位有经验的政治家，他事前已经展开观察了这个问题和这个局势，而作出了合适的结论及建议。

1989 年 12 月，胡萨克任命了以总理恰尔法为首的联邦政府，在这个政府中反对派的代表人物占绝大多数。1989 年 12 月 30 日联邦众议院选举瓦茨拉夫·哈维尔为总统。在 1990 年的头几个月中，更换了大部分的驻外大使，在立法部门中，反对派力量的代表也占了大多数，这样，国家权力的移交基本上就结束了。

读者问：关于这些事件，有时候可以说是革命，另外时候又叫做政变，但是不管什么情况，在政治体制改变的时期，很难维持在准确的步骤上，也很难有十分仔细的法律。

这我同意，但是为了准确起见，我认为，关于在这个历史上独一无二的局势下的进程，在决定国家最重要事情时，个别人出来表演，但他的行为没有按照事前规定的、公开声明过的指示，而这些指示是要用负责任的方式经过批准的。他对自己行为的结果，自然要负有长期的责任。

读者问：还是不要略为离开本题，回到关于捷共领导人的立场和行动吧！

三个男人恰尔法、阿达美茨、摩赫里泰（Mohorita）在决定将权力转交到反对派手里的时候，十分遗憾，他们没有尊重一件重要的东西，就是在严重局势下十分重要的国家义务。也就是说，他们应该向公众声明：这个历史的变化是在什么情况下来到的？以及国家处于什么状态？他们移交了这么一个国家，这个国家拥有巨大的经济潜力，运转中的国家机构和自治机构，20 万现代化的军队和有战斗力的安全机构。移交出去的这个国家，他有自己的中期和长期的发展理念。

在这个向公众的声明中，他们应该向反对派的负责人呼吁，他们应该负责地治理这个经济上和精神上都是潜力强大的国家。他们是忘记了这么做，还是不想做？L. 阿达美茨曾企图通过总统这个职务来控制危机局势。这曾是一个方案，但遇到了暗礁，然而是可能解决这个局势的——大概在一定的时候——遗憾的阿达美茨的方案没有实现。中央委员会主席团在乌尔巴纳克的领导下，没有批准新任命的政府总理恰尔法的方案。

第九章 1989年——政权转给了反对派

读者问：和联邦政府略微有些不同，捷克地区政府（或称捷克民族内阁）怎么样……？

捷克地区政府的总理弗朗基舍克·比特拉（Frantisek Pitra）及第一副总理米罗斯拉夫·托曼（Miroslav Toman）和反对派负责人谈妥对内阁进行补充。这个内阁在困难和复杂的局势下，相当顺利地进行工作。在内阁中间有一群出色的经济专家，我想特别要举出弗朗基舍克·符拉沙克（Frantisek Vlasák），因而也选择了正确的道路：进行改革，但是尽可能不影响或危及稳定。

然而，这样反对派不太喜欢。他们渴望权力，他们任命彼得·毕哈尔特（Petr Pithart）为捷克内阁总理，关于他的活动，有各位快乐的历史学者在解说，大家听了觉得很好玩，这大概是这位国务活动家唯一的贡献。

读者问：恰尔法的"民族谅解"内阁曾经是勇敢大胆的动作，在他的组成中有不少人对部长的责任没有任何的经验。您的第一反应是什么？

在我讲这个问题的一些具体方面之前，我必须和你们分享这个信息，那时我没有，也不能够有这个信息，今天我有了。那时，首先是将下台的阿达美茨总理向共和国总统建议了两名联邦内阁总理的候选人：米罗斯拉夫·帕维尔（Miroslav Pavel）和马里昂·恰尔法（Marián Čalfa），前者是政府内阁的发言人，以后任捷克斯洛伐克电视台台长，在国内公众里和在国际上都是比较著名的新闻记者，后者是现任联邦内阁部长，内阁总理府立法司司长。他们两人都参加过和公民论坛党的谈判。根据当时负责干部的证实，胡萨克倾向于 M. 恰尔法，这点连阿达美茨也感到出乎意料，胡萨克在录制自己最后的总统讲话时，由于自己倾向于恰尔法而对帕维尔带着十分的歉意，为什么有此倾向，他没有说明理由，据猜测是出于专业准备条件不够，还是考虑两人的民族属别，但都没有得到证实。

恰尔法博士对内阁业务是很熟悉的，他非常精通内阁的工作该如何进行准备，如有关的基础材料应该是什么样的，如何"产生"和检查内阁的决议和决定。这样他接管了进行着的、有经验的办事机构，这机构还继续运行了几个月，基本上还是原来的班子。这样，恰尔法博士很快成为新总统不可或缺的总理。根据公民论坛党的建议和帮助，共和国总统府的老人员班子毫不犹豫地被扔掉，而代之——正像大家知道的——自己所谓的"受宠爱的人们"，这些人只会讲空话，拍拍哈维尔的肩膀，大家坐在酒馆里，但是什么也没有干过。没有能力来组织哪怕一次国事论坛和谈判，不管在国内还是到国外。这种事一件接着一件。这时候就必须由政府总理府办公室的"外交礼节规定"来进行协助，没有这个就会出现一个一个的惨败，就会出乱子。正如我以前的顾问们对我说的，到1990年中期，总统还找不到一个人能够哪怕是保证举行一次正式的工作晚宴。简言之，如果没有恰尔法博士，在政府内阁也一定会像在总统府那样。他是唯一的从一开始就用很大的努力来保持政府的名誉。它保证了使政府的工作、决议和决定都是正常的、有能力的，不然的话，就会变成一个由爱讲话的人和弹唱艺人组成的说唱团。恰尔法是唯一的能够追踪政府内阁的工作而在最后，将紊乱的讨论结果归纳起来，形成需要的决议，即使是在形式上。

读者问：您关于接下去的消息呢？

在政权交替之后，我也能理解，政府内阁的工作是有些杂乱无序。然后开始了安排个人品质不是那么可贵的新部长们。有些新部长，主要是财政部长瓦茨拉夫·克劳斯（Václav Klaus），超越在政府内阁必须有的纪律和组织工作之上，在会议开始之前提出材料，材料还往往既没有头，也没有尾，甚至于直接在讨论这个事情的中间，抛出一个根本性的建议，这个建议要求作出基本性质的政治—经济决定，既没有经过补充、商议，也没有对后果做仔细的评估，这样产生了一系列的根本性的、没有意思的、对民族经济造成损害和不幸的决定。一个例子即是，在年初，不幸的、突然值得纪念的将美元的旅游汇率从美元9.850克朗提高到1美元38克朗。

第九章 1989年——政权转给了反对派

然而，政府总理没有做到防止这样的坏事，十分明显，他自己关于经济问题不像家里事那么内行，同时他也许感到是属于"旧的结构"，对新的革命者们不那么有力的去反对，这些人的西部牛仔风度对政府的工作起了明显的影响和走样。

很快开始了在政府内阁总理府本身各机构的人事变动，众多的真正的专家由于不合新来的先生们的"口味"被通知或被强迫离开。第一批离开的有雅鲁米尔·玛介依卡（Jaromír Matějka），主要的经济改革的提倡人和创造者，然后是他的继任者鲍荷斯拉夫·斯多廷卡（Bohuslav Studýnka），还有一批组织工作者，因为在这里也安排了各方面的朋友的各种宠爱者。这样没有过多久，日常的"参谋部文化"也大大降低下来了，书写和发出正式体裁及仔细校对的信件，哪怕是政府总理的信件也成为问题了。有一位我过去的顾问向我讲了这么一个情况：内阁总理的一位多年的、有经验的秘书处工作人员达格玛尔·普鲁蒂索娃（Dagmar Prudišová）在1990年夏天去休假了，她的责任是保证来往信件的稳妥可靠和水平以及对它们进行登记，总之，她知道如何去查找信件以及信件应该是什么样的。在恰尔法任总理期间，至少出了三次漏子（事故），这很明显的是要公诸媒体，意图来破坏新总理的威信，经调查，结果是他的不知从哪里来的新的秘书处主任很自负，但没有能力进行管理，工作做得很不好。

读者问：当然，某些政府内阁的新成员您是认识的，例如那时的捷克斯洛伐克科学院（ČSAV）预测研究所所长瓦尔特尔·柯玛莱克（Valter Komárek），他应该知道一些政府的工作，在1968年，他曾经担任过政府的经济管理理事会的总书记。

当然，我很熟悉瓦尔特尔。在政权移交之前，我还访问过他的研究所。问题在另外一些方面，柯玛莱克作为内阁副总理，没有得到他的下属——有的还是他带过来的——充分的尊重。让我们下面讲得详细一些，迄今柯玛莱克的副手弗拉基米尔·达罗喜（Vladimír Dlouhý），仍是另外一位副总理兼国家计划委员会主任,财政部长是瓦茨拉夫·克劳斯(Václav Klaus),他的第一副部长伊凡·科恰尔尼克(Ivan Kočárník),捷克斯洛伐克国家银行行长约瑟夫·托索夫斯基(Josef Tošovský)。在柯玛莱克的秘书处出现了新的顾问们,后来担任经济部部长的卡尔·杜巴(Karel Dyba)以及他的职务的继任者瓦茨拉夫·华莱士(Václav Valeš)。还有柯玛莱克研究所其他人员托马斯·叶舍克(Tomas Ježek)和弗拉基米尔·罗德洛夫恰克(Vladimir Rudlovčák)也被陆续任命为财政部副部长或顾问。这些人形成了新内阁的"国民经济团队"。但是他们站在反对他们的上级——政府第一副总理的立场上,这样能够运作吗?瓦茨拉夫·克劳斯完全自信地以教父和"新的激进的经济的改革"的创始人的身份出现,他认为他有些特殊的权力来决定进一步经济改革的步骤以及共和国的全部经济政策。所有新政府内阁成员的特点是——除了瓦茨拉夫·华莱士之外,华莱士是原化工部部长,之前为企业总经理——其他成员都没有在企业和经济组织工作过。V.克劳斯显然从来没有在企业工作过,连假期实习也没有去过工厂,那就不知道和不能评价,在具体的工厂中,他们的重大的经济措施实际贯彻怎么样。

读者问: 恰尔法内阁开始进行激烈的改革,周围没有任何的障碍,这对您必须是表示有共鸣的,在您和捷共中央委员会主席团在70和80年代的经验之后……

我不知道这里的"共鸣"是不是准确的用词,我们到今天能感觉到那些改革的后果,并不总是感到令人愉快的。首先是那个归还被没收财产的法律草案,是在那时总统府行政长官卡尔·许瓦尔采培尔格(Karel Schwarzenberg)领导下制定出来的。在这个归还财产的行动中,除了其他,还归还给瓦茨拉夫·哈维尔和他的兄弟米劳什·哈维尔(Miloš Havel)很多的财产,那个时期曾经公布了一个声明:瓦茨拉夫·哈维尔放弃归还的财产。稍后瓦茨拉夫·哈维尔得到的财产份额被用来以不少的钱收购了那

第九章 1989年——政权转给了反对派

时著名的化学石油公司（Chemapol），当然这个公司那时是不可逆转的接近破产，但是归还罗采尔那（Lucerna）所得的赔偿款还是够那时的化学石油公司的主人在最后关头用的赎款。

另外一个重要的文件，这个文件宣告用根本性的方法来改变在国民经济中的所有制关系，就是所谓的"股票私有化。"在实现这个特别的"捷克试验"中，所造成的对国民经济的损害，至今没有人能够可信地计算出来。非官方的估计为几亿乃至于十亿，据说不是过高的估计。全部都不负责任的，匆匆忙忙地卖掉，又转卖给新的购买者，很大的部分又卖给了外国。私有化部部长葉舍克（Ježek）从在南捷克的城堡，每周宣告给老百姓和他的上司，有多少"去国有化"了，但是对于价格是不是符合实际价值，完全不予以考虑，如果按照正式的估价人拟定的价格，没有人能够买。当我从广播中听到叶舍克部长的官方正式声明，我还以为是什么竞赛——当然不是那个"社会主义竞赛"。同样，说是政府的自由意志，如果真的是自由的话，为什么不在更好的时刻才去实现。没有经过思考的，及没有仔细研究过的所谓"捷克实验"，快速、草率和没有准备的私有化完全没有经过实际的检验，但是一天天地很快在生活中实现了。第一眼看过去，系统的不完善就十分明显，权利和合法性都没有给予考虑。所有的好像都被遗忘了——这是偶然的，还是蓄意预谋的，著名的创始人们没有责任？对系统的不完善是完全地被利用了，讲得清楚些，首先是被利用来为特权人士的利益服务。未经检验的系统空白和矛盾造成了在教母和顾客之间的私下协议的参加者的合法特权。这些人被米劳舍·泽曼（Miloš Zeman）称之为各家公司的带薪水的间谍，例如在赢得公共采购项目的时候。公民论坛党（ODS）到今天继续在否认这些错误。在所有的领域都泛滥着贪污腐败——这种反社会的现象到处出现在公共生活中。权威方面不向公众宣布：在90年代严重地出现了蜕变，贪污腐败将会是解决不了的问题。

读者问：请问您找到了在那时的政府实践中有某些正面的东西吗？

对国家唯一珍贵的有价值的例外是，那时的捷克政府内阁的工业部部长扬·伏尔巴（Jan Vrba），当过企业的总经理，在对外贸易上也是有经验的，他决定了用传统的方式，全方位的准备将麦拉达·鲍雷斯拉夫（Mladá Boleslav）汽车厂出售给西德的大众汽车公司，这是在理念上根本不同的新的处理捷克斯洛伐克经济的办法。而克劳斯看到的在私有化中只是改变所有制的关系。伏尔巴有不同的、经济上有兴趣的目的：利用私有化来提升企业的水平，使得能够在国际上进行竞争。他试图通过自己有经验的顾问符拉沙克（Vlasák）和格莱格尔（Grégr）的帮助，为关键的捷克和斯洛伐克的工业未来找战略伙伴。遗憾的是，这个理念只在斯柯达汽车厂（即麦拉达·鲍雷斯拉夫汽车厂）实现了，所有其他的伏尔巴的项目都遇到了新总理 V. 克劳斯的反对，伏尔巴准备的其他项目如柯柏西夫尼策（Kopřivnice）的泰脱拉汽车厂（Tatra）汽车厂，里阿斯（Liaz）汽车厂，比尔森的斯柯达工厂都被新任的总理克劳斯停止了。里阿斯然后就关门了，泰脱拉汽车厂在坟墓上晃动。在克劳斯组成政府内阁之后，伏尔巴不再被需要了，弗拉基米尔·达劳依（Vladimír Dlouhý）接任工业和贸易部长，我们都知道，这位杰出的理论家表现出了什么。

著名的捷克裔美国经济学家柴莱纳（Zelený）教授针对急促的没有控制的私有化的创意人指责说：您简直不应该去这样做的，因为您在这个国家实际上什么也不是，您不能够命令人做任何事情。

读者问：您跟我讲过，根据您的消息，分歧不仅是在政府内阁的经济团队里，也在斯特拉柯瓦（Strakova）的科学院和城堡①之间？

在 1990 年 6 月的大选之后，内阁总理的顾问们准备了一份政府的政纲声明，同时要求准备给瓦茨拉夫·哈维尔总统发言的观点草案，总统应该

---

① 指总统府。——译者注

第九章　1989年——政权转给了反对派

在发言中讲新政府的就职。这是新的做法，在总统的发言中，总统将说明他希望政府做什么，还要讲到政府的各成员并答应全面的支持这届政府。实际上政府成员都是他的人，他应该是对每个人"富有诗意地"加以说明，并且同时给以评价。这里顺便要指出，其中提到最多的是他的朋友瓦茨拉夫·华莱士（Václav Valeš），但是结果在几个月之后，华莱士被解除了内阁副总理的职务。

值得注意的是，在这份总统发言的草稿中，完全没有提到克劳斯，好像这个人不存在，当然，一般都知道，他们（总统和克劳斯）互相都不喜欢对方，大家都以为，在新的恰尔法政府中，将没有克劳斯。总统没有考虑克劳斯会出任财政部部长，据政府权威人士消息，克劳斯最多担任捷克斯洛伐克国家银行新的行长，将位于辅助性的轨道上。但是，在随后的议会全体大会上，出乎大家的意料之外，哈维尔总统推举了克劳斯为财政部部长——但是没有任何言语作为对他的评论，在议会大厅之外的休息室里嘀咕着：从哪里来的这个外来的干涉？从美国还是从伦敦？所有的这样的闲话都只有一个目的：就是总统也必须处于外国的压力之下。

在1989年，围绕政府从西方蜂拥而来许多不知名的访问者，开始时来的是大众传播媒介的代表及银行和经济领域较低层次的，逐渐地对我们有兴趣的有著名的律师、审计和咨询公司，自然还有银行家和企业家。逐渐成为时髦的做法：在组成恰尔法内阁，特别是克劳斯内阁之后，每一个部长都有自己的外国顾问，有一伙顾问还出现在内阁总理的办公室里。这些顾问们大多是年轻没有经验的，他们昨天才从西方某些大学出来，来到对他们来说是不熟悉的、有些外国情调的世界来进行实验，这些人来对我们提供咨询，但对我们的问题和情况概不了解。给他们每月一万美元，那时折合15万克朗，从我们这里收集信息，但是如何使用这些信息——是为了我们的利益还是相反——这些我们今天很难加以评判。

读者问：我们需要新的，大量的和外国接触……

当然是，但是要真正严肃的。西德的经济领域和政府方面对我们的评价十分的好。由西德最著名的管理及企业专家组成的来访代表团到我们这里进行了两周的访问，团长是那时的大众汽车厂的董事长卡尔·汉先生（Carl Hahn）。代表团访问了 15 所我国最大和最有名的企业。他们对这些企业的经济力量、主要的工作人员、组织工作、工艺、市场和生产率等等都感兴趣，代表团写出了比较详尽而概括的总结报告，并交给了捷克政府。在报告中，一致表示了（我们没有料想到的）对在我国所看到的东西的尊重，对有关企业的工作水平和产品质量给予高度的评价，基本上可以和他们的以及世界平均水平相比拟。根据他们的评价，我们肯定没有可以惭愧的地方。从这里可以得出结论，在那个时期，我们有全部的前提和条件和西方的领导人、企业和银行进行对等的谈判。

读者问： 但是并不曾完全都做到这样。为了使我们能够结束这个项目，根据您的观点，什么是这个时期的结论？

国家权力移交给反对派手里的过程是在特殊的、违反宪法精神的条件下进行的。在 1990 年的头几个月里，依靠权势以及用行政的手段更换了联邦议会的大部分议员，反对派的代表人物（议员）在这个立法的机关中拥有了大多数。在这议会要决定国家最重要的大事的局势下，却缺少事先经过执行机构和立法机关用负责任的方法批准的法规和指令，这些重要的国家大事是关系到每一个人的。就这样，恰尔法感到很满足，因为一次性地选择了国家和社会最佳的方案，这个方案可以安静和平地解决我们国家的深刻的社会危机，但同时也必须断定，所有关于将国内的权力转交给反对派的手里的过程，是在对国家领导人无情施加压力的气氛中进行的，这些领导人包括当时的共和国总统胡萨克以及联邦议会的议员们。在这样的局势下，组成了新的政府内阁及选举了新的共和国总统。我不打算对一切都表示怀疑，但是如果我们真实地来评判和感受这个历史事件的过程，不进行像官方宣传那样的歪曲，那可以说，反对派是想抓住权力，他们也做到

第九章 1989年——政权转给了反对派

了，我强调一下，所有这一切都是在上面讲的环境之下，这个环境是由难以控制的自发的政变过程所造成的。

大家都知道，在90年代接下来发生了什么，将人民的财产拆散出售了，与此相联系的是盗窃和转卖，都是大规模的级别，还有未经考虑的货币贬值带来的严重的社会后果。许多场合，产生了由于政治原因而歧视某些公民，最为极端的是宣布捷共为犯罪组织以及通过查阅个人档案的法律，这样将数十万捷共的人列为二等公民——自然是想让他们永久这样。

我完全不是想毫无批判地为在捷克斯洛伐克整整45年社会及经济发展而辩护。我只想证明，整个遗留下来的经济、社会及文化遗产，这些遗产已经日复一日地交给了反对派，应该给予正确的评价和保护。就像我在我的书中描写的那样，对所有的事情都不应该那样不负责任地以犯罪方式来对待和处理。在正式的政府文件中，对所有的一切都应该概括地加以公布。那些签署在政权移交文件中的观点，应该是负责任的国务活动家和经济管理者的历史记录。遗憾的是，这一点并没有做到。

第十章

关于有希望的前途与真正的失败

读者问： 在结束我们的谈话之前，我请您让我们回到最为经常的、在您的书出版之后、读者们向您提的问题：现在捷克共和国的前途是怎么样？她的进一步的发展会是什么样？

我必须略为重复一下，我已经给大家讲过，我们在 1989 年 11 月经受的历史性的垮台也是受到所有的欧洲社会主义国家发展局势的影响，首先是苏维埃社会主义联邦共和国（SSSR）发展的局势。

读者问： 您是对戈尔巴乔夫抱着批判的态度的，但是当他被选为苏联共产党中央委员会总书记的时候，您看到了其中的政治，这个政治将带来根本的社会主义的必需的改变？

我愈是想得更多，我就愈感觉到，戈尔巴乔夫的主要问题是非常的简单的——他并没有现在大众认为的所谓"B 计划"，换句话说，他连"A 计划"也没有过。当您重新去读一下他在 80 年代中期的演说和谈话，您就可以了解到他完全信赖自然主义的发展依赖于他在其中成长的体制。他并不要改革，他只要去除盖在上面的冲积层，像要使表层的颜色复活起来。在他上台的时候，在各个社会主义国家中，有许多政治家们看到了，不能只采取化妆式的、表面上的变动！我们需要的是真正的、严肃的、深思熟虑的改革！如果他那时概括了并且申明了进行社会主义体制的根本改

第十章 关于有希望的前途与真正的失败

革,在很大的可能性上,这会正面地影响其他各社会主义国家的发展。总言之,戈尔巴乔夫本来完全有可能在现代历史上占有显著的位置:作为一个指出了人类进步发展的未来方向的国务活动家、政治家。但实际上,他成为了一场国际葬礼的执行主持人,葬送了欧洲的社会主义阵营。今日,有历史学家和政治学家在进行各种的考虑和探索:苏联总书记的举动从哪里找到的动力以及原因是什么?是他有意图这么做?还是他和他的团队正好碰上了这个情势?他和他的团队队在世界上这么大的一块地方进行根本性的改革,可能会完全会没有任何的准备吗?可信的结论,到今天为止,我们还不能说。

读者问: 当然,正是他在政治字典中,对"改革"这个词进行了恢复名誉。他讲的"重组"(捷语Perestrojka)还有什么别的意思吗?

戈尔巴乔夫的前任总书记安德鲁波夫(Andropov)发表了著名的讲话,建议进行根本性的重建,从而形成条件,以进行有效率的经济发展,消灭反社会的现象、犯罪、贪污和酗酒。最后,也正是这位安德鲁波夫,使米西①成为克里姆林宫的第二号人物。安德鲁波夫,这位克格勃②的前主席看到了,克格勃是在国内存在唯一的、很好的组织,在我们的概念里就是我们的内务部的组织。安德鲁波夫想实现自己的想法,但他没有来得及,不久之后就病逝了。戈尔巴乔夫继任为苏联这个世界超级大国的总书记,他想继续实现他前任的想法,但他既没有理念,也没有机构去推行这个想法,这样所谓的"重建"(捷语Perestrojka)最后不是改革,而变成了瞎摸和混乱。我们知道,其结果整个世界都被这个突如其来的变化难住了,在一方面大量地裁减了军备,另一方面例如东西德两个德国的合并,众所周知的是:英国首相撒切尔夫人起先感到惊奇,然后又难住了,很久拿不出主意要不要同意,那时候,戈尔巴乔夫甚至于也没有去和英国,这

---

① Míši,戈尔巴乔夫的名字Michail的爱称。——译者注
② KGB前苏联的国家安全委员会。——译者注

个以前反希特勒时代的盟友去会商一下。

读者问：和以前停顿不前，等在那里，比较起来，历史可能走得快一些……

可能的，有人推动了一下，就有可能。超级大国没有任何自我重建的计划，本身动荡的内部矛盾最终会导致垮台，垮台的形式可能会是戏剧性的，结果会引起世界局势的严重和根本性的变化。有一位原来在戈尔巴乔夫时代担任过苏联部长会议主席的 J. 普里马柯夫（J. Primakov）在他的书中写到，叶利钦和"两个大酒量的"也就是白俄罗斯总统和乌克兰总统，如何在白俄罗斯的原始森林里会面，违反苏联宪法将国家解散。普里马科夫接着写道："如果有人命令离得最近的军事将领，将醉鬼们立即逮捕，苏联也许会继续存在下去。"

我提到这些关系是为了说明，正是这些，引起了我们现在这个新体制的兴起，也正是这些，预告了过去这 20 多年的过程。

读者问：您的意思是指绝对的转变为另外的体制模式，即转变为纯粹的资本主义？

当然，您只要回想一下那些 11 月的日子，几万人在冬天站在美朗特里赫（Melantrich）的阳台下，等待着公民论坛党的领导人们将讲些什么，他们讲：将有民主、有选举、有旅游护照、有自由的报刊、有我们经济的新时代。的确每个人都必须会喜欢这些，但是没有人讲过，将会有资本主义！这个名词没有。都是好听的话，在所有的宣传中，所有人都在喊：离开莫斯科，我们的榜样在自由之神的脚下！最聪明的和懂得世界的人们是知道的，这些宣传是为了什么，但是数以百万计的同胞们却按自己的意志去解释：起码我们会有至少相同的、更好一点的生活，因为我们要了共产党员作为妻子，那就赶走她，等待一个美妙的世界。今天我们知道，多么的美妙……

读者问：那时候，您关于进一步发展的概念是什么样？

第十章　关于有希望的前途与真正的失败

您知道，比今天要乐观得多。我说过，我们输了，但是这里不是什么沙漠，当各种各样的政治和意识形态的障碍都倒下了，市场来了，可能会对捷克斯洛伐克有帮助。在上面建什么呢？这些是我讲过的。但是很快我看到了什么：工厂关门了，紊乱不堪的私有化，废除了传统的产业部门，宣布了很不利的外汇比率，整个经济像一座被盗窃犯光顾的超市，这个超市没有人监督，也没有人追捕。总而言之，是全面的混乱，国家和他的政府对诈骗和贪污束手无策，无所作为。我已经和你们讲过斯柯达汽车厂是少有的例外，但是比尔森的斯柯达机械厂呢？布拉格的 ČKD 厂呢？布尔诺的机械制造综合企业呢？都消失了。经过多年徒劳地从质量上改进国内市场之后，我们突然发现零售店像雨后春笋般地冒出来，好得很！但是开始卖些什么呢？哪里是捷克产品，哪里是我们的鞋、衣服、家具？更不用说农产品了！

我承认，我那时候曾经相信过总会有些向前进的地方，即使是在另外一些的社会条件之下。

读者问：您现在失望了吗？

是的，失望了。没有利用好历史条件，人们失去了社会主义的稳当可靠，但是从整体来说，并没有接近最发达的资本主义国家。这其中有客观上的原因：我们共产党在莫斯科碰到了思想意识上的和政治上的障碍，对社会主义模式做出了教条主义的理解，而现在的当政者，他们在布鲁塞尔必须像不听话的小学生们那样，站在墙角并且等待大国的利益将是什么，往后去，更多的将主要会是经济和金融大鳄的利益。他们对付我们有一个好处，就是可以大声地骂，但也就是这些。最大的错误自然是在我们国内 11 月以后的班子身上，V.哈维尔在自己的第一个新年讲话中说："我们国家不繁荣"，那么你们让他繁荣起来吧！让我们今天来看一看四周，捷克的农业繁荣了吗？手工业和小工商业繁荣了吗？在捷克手里的工业繁荣了吗？捷克自己的乡土文学繁荣了吗？不要让我再继续下去……，我现在失望了，我整个的生涯中，有 40 年，最初在南捷克，然后在布拉格，我曾经试图去实现我的理想——社会正义的社会，没有成功，我们遭受了政治垮台。即使在 1989 年的政变之后，我曾经希望我们的国家会有成绩，但是，接着的 20 年，我还是失望了。

读者问：您所指出的事情，我们大家也都知道。根据您的观点，为什么人民在选举中不追求和改变政治班子呢？

您知道当我批评目前的捷克共和国时，不意味着和没有看见任何正面的东西，正如我已经说过的，优质的国内市场，到处去旅游的可能性，某些职工层次的生活水平提高了，学习方面的机会和条件更多更好了，生态环境也比较好了——只有瞎子才看不到所有这些。略微简略一点地说，我们成为了消费型的中等发达的国家。我们有 50 万人的失业者，大概有同样这么多的未受惩罚的骗子和盗窃犯，大的和小的。整个的社会保障——特别在就业和医疗保健方面——从大部分人的生活中消失了。而在这个国家，过去的社会发展总是指向社会主义，对过去的体制的荒唐诬蔑：说什么全部人都通敌，对体制的反抗表现在大家都到度假屋这个现象上，总而言之，大部分人都不重视工作，不以自己的工作产品和自己的企业而感到骄傲。在这些错误的宣传导致好像整个民族都站在反国家的立场。所有这些，再联系到捷克的政治左派的令人感叹的虚弱能力，形成了和正在形成徒劳无功的气氛。人民群众注视政治好像在看戏，好像排练演出，观众不能参与进去，而且他们也不想进去。还有一件事是很重要的——捷克的政治只是困惑不解地和衰弱无力地注视着全球化过程，不断增强的跨国公司的权力和贪婪以及对金钱、各种原料和制成品的全世界性的操纵。

读者问：大国和最有影响的国家的政府自然也处于这样的地位。

是的，和我们一样，他们也缺少某些主意、没有不庸俗低级的解决办法以及也不能稍稍保卫一下自己本身的利益等等。

第十章　关于有希望的前途与真正的失败

读者问：这种理念存在吗？能否找到？

谁不去寻找，他就不会找到。我看到在我们这里，简直就是听天由命地停在某些经济、社会和外交政策上。好像一切都由别人来预先决定，在这个世界上，我们不去加强更好一点的地位，我们不会去和谁联盟，我们不去进行讨论关于我们的将来，捷克的左派们的作为是令人感到震惊的：他们不想工作，不想去寻找聪明能干的人们和新的思想，或者只想到在政府中的座椅和在管理委员会中的位置，然而世界没有结束，历史没有停顿，人民要求有某些为了自己未来的建议方案。目前的资本主义有很大的问题。如果我们接受现状，如果我们只是耸耸肩，并且轻松地修正目前的状态，我们将走向戈尔巴乔夫的角色，戈尔巴乔夫最后是输了。为什么在我们这里，还不能够产生有吸收力的对全球化问题的想法及其建设性的解决方案？是不是因为信息太少，数据不够？但是我们也许必须有另外的政策，另外的政治意义……

现在还没有摆在桌面上的多多少少简明的思想理念，尤其是关于以下方面的理念：这样的体制，它本身在政治、组织、经济和法律方面具体应该是什么样子的，为此还需要走很长的路。但是如果拖延解决平常日子的紧迫问题是不合适的，例如：大部分人的生活质量应该达到怎么样？在我们的星球上的生活应该是个什么样的质量？必须要不断地增长经济——是数量上的增长还是质量上的节约？主要实现个人利益还是社会的利益，怎样做才是正确？如果没有某一个个人，社会还在运转，但是如果没有社会，任何一个人都不能够生存。我们具体希望要什么东西？完全很普通的东西：好的工作、可以达到的高质量的教育、相当好的住房、医疗和养老保证、司法正义、安全、和平、没有仇视的社会、国民互相尊重、不容忍国内和外国来的吸血魔鬼。评价和尊重一个人是根据他的工作成果，而不是根据他的出身，他的贪污和其他盗窃来的"成果"，目前的资本主义制度是根据后者的"成果"。我们不希望的：失业，无房流浪者，乞丐。

读者问：我们还是又回到人民的被动性，这种被动性使目前的班子能够维持下去。

我们不要责骂人民群众，我们不能改变他们，主要的是大部分人都有相当多的每天都要操心的事。去改变政策，采取新的战略需要有聪明的人们，但是他们不需要有五千人，我不相信在我们这个国家，找不出几十个受过教育的、尽可能是年轻的并且知道世界的专业人士，他们可以再试一试，捷克共和国不应该是拼凑出来的，像有些动乱的国家，大偷小偷，在这里应该不允许投资家在肥沃的耕地上，在历史性的广场上糊上什么吓人的建筑。捷克共和国也不应该在没完没了的仲裁中输给了那个从加勒比海岛上来的滑头。捷克共和国也不应该让聪明的、受过教育的、能干的人永久离开，到外国去了，而在我们这里只留下了没有希望的穷人。

被动性是错误政策的后果和产物，而绝不是政策错误的原因。

读者问：那好。但是我们记得，当您担任联邦政府总理的时期，曾经有大多数的人是相当被动（不主动）的。这也是由于清党作用的结果，关于这个我们已经在关于比拉克（Bil'ak）及其同伙的事情中谈过了。但是那时候也曾经有过小的反对派集团，他们活动得十分主动。

我回忆起，党的领导层怎样在 70 年代和 80 年代上半叶对付这些活跃的反对派活动，首先我觉得就是一个词：轻视。主席团只满足于内务部的观点，可以理解的是内务部当然优先使用"镇压"。这样，我们在党的领导层中缺少这样的概念，也是基本问题——和他们进行讨论，实际上也从来没有提到日程上来研究过。在此，在 70 年代下半叶，赫尔辛基会议之后，才直接提出来要对反对派活动采取某些新的关注，曾经有过合适的人选，民族阵线中央委员会主席托马斯·特拉夫尼切克（Tomáš Trávníček）教授，他愿意接受担任这个艰难的、没有经过排练的角色。

第十章　关于有希望的前途与真正的失败

读者问：这完全是一个新信息，为什么这样的会谈没有进行呢？

我已经讲过，特拉夫尼切克已经准备好了，而且完全不怕捷共中央委员会主席团中教条主义集团的异议，这自然要取决于总书记的决定。古斯塔夫·胡萨克久久地思考，然后在 1977 年到克里米亚半岛去作通常的休假，在那里遇见了 L. 勃列日涅夫，从他那里直接听到了批评指责，说捷克斯洛伐克社会主义共和国反对派运动在增强，而党和政府没有面对，这样，在回国之后，他就情绪不好了。

读者问：胡萨克是怎样决定的呢？

实际上，是决定了另外的办法，以劳伦茨将军为首的国家安全委员会（SNB）中的激进派，在内务部部长雅鲁米尔·奥勃日纳（Jaromír Obzina）的完全支持下，得到同意，以各种形式开始采取镇压步骤，一直持续到了 1989 年。

读者问：那么那时您反对这些，的确是无能为力吗？

不仅是我，还有安东宁·卡培克（Antonín Kapek）、彼得·佐洛特卡（Peter Colotka）、包括不坚决的约瑟夫·列纳尔特（Jozef Lenárt）、米罗斯拉夫·赫卢西柯维奇（Miloslav Hruškovič）等，我们提请总书记注意，这种简单的、激烈的对待反对派领袖的做法是不合适的，相反，我们会造就他们其中的一些人成为著名的政治人物，好像是英雄。我必须老实地说，古斯塔夫·胡萨克对此是懂得的，但是他补充说："卢博日①，请告诉我，我们应该怎样去做，当内务部在莫斯科的支持下，除了镇压以外，其他什么都不能允许"。这曾经是 70 年代下半叶和 80 年代在捷克斯洛伐克的政治的典型特点。一个警察的部门（即指内务部）对最敏感的各种问题有最高独立的影响，但实际上忽略了国家及社会的利益，后者那时曾经被认为是不重要的，然后一切都在 1989 年结束了，那时候，从理论上来说，可以产

---

① Lubomir 的爱称。——译者注

生另外样子的政治协议，但是当时力量的对比倾向了反对派——由于多年来没有动脑筋地忽略了反对派——那时力量对比明显的是不利于共产党和国家的领导层。在这个关系上，我必须讲一点关于奥勃罗德（Obrod），他们曾经是十分有名的一批左派知识分子，大部分是过去捷共的负责干部，在1968年8月之后，由于不赞成苏联的占领而被开除出党。这些人在1967—1968年间，很积极地参与在根本性的改革的理念中，但是他们自己的整个的生涯、教育和社会实践是和社会主义密切相联系的。

读者问：您相信过吗？1968年出现了在捷克斯洛伐克社会主义共和国的政治及经济领域进行根本性改革的巨大空间。

在捷共中央委员会主席团以及政府内阁，曾经积极地制订了新的经济体制的文件。在决定这样复杂的各种问题时，自然存在着明显的不同的见解，需要时间、耐性和重复多次的讨论，但是同时也需要及时地在党的机构和政府中做出权威的最终决定，但不断的拖延形成了整个社会迷惑不安的市场。

由于害怕党和政府领导不想进行必要的改革步伐，形成了在政治上的两极分化，右翼和左翼都不安，这样，在某些社会主义国家，认为是在捷克斯洛伐克社会主义共和国存在骚乱的证明，并从这里得出了这样的结论——特别在国外——在捷克斯洛伐克联邦共和国，反社会主义力量占据了多数。

读者问：因此引起了采取激烈的、不现实的各种措施了吗？

在这种情势下，这是没有什么特别的。当极右分子以无穷无尽的煽动而出名，宣称党领导层中的某些干部是反社会主义的代表时，这些干部包括约瑟夫·斯墨尔柯夫斯基（Josef Smrkovský）、弗朗基舍克·克里格尔（František Kriegl）、捷斯特米尔·齐萨日（Čestmír Císař）以及在州和地区的一些自由化倾向的党的负责人，他们基本上已经准备好了自己的工作纲领。总书记杜布切克动摇、犹豫、不做决定，常常完全不能估计，他倾向

第十章　关于有希望的前途与真正的失败

于哪一种解决复杂问题的方案。捷克斯洛伐克的政治斗争造成了西方和东方媒体中不正确的、错误的看法：右派威胁捷克斯洛伐克的社会主义发展。

读者问：在这里政治被个人化了……

这是自然的，但约瑟夫·斯墨尔柯夫斯基和弗朗基舍克·克里格尔和捷斯特米尔·齐萨日都不是反共产主义者，他们的见解是符合建设社会正义社会的理念的。对每一位政治家而言可能在某些事上遭受责备，但是这些党的高级负责干部的整个生涯、立场和见解都不能证明最后在党的机构中遭受到的处分是正确的。弗朗基舍克·克里格尔和我在1969年有过一次个人谈话，他讲了他的全部生活经历，完全是革命家的生涯，他觉得自己无论在自己的国家、还是在中国或在古巴，都力图致力于建设正义的社会，他讲了在1948年以前在捷克斯洛伐克共和国做的全部事情，包括"二月事件"时期在布拉格建立了民兵。

那时候他担任捷共布拉格市委组织处书记，他的领导人是当时的市委书记安东宁·诺沃提尼（Antonín Novotný）。在50年代中，克里格尔和诺沃提尼在政治上和工作上有分歧。弗朗基舍克在根本上不同意捷共中央委员会书记布鲁诺·寇尔（Bruno Köhler）提出的概念，但是诺沃提尼完全同意，寇尔他们希望将党建设成为强有力的机关，使其他政党不能进行政治竞争，首先在对政治事件的评论上，最后发展到所有的实际的公众活动上，都不能竞争。

读者们：您已经如此详细的开始讲F.克里格尔，您在某些时候讲过他在1968年8月的立场吗？

我们曾经谈论过这些问题，我理解过他。在1968年8月的日子里，他拒绝在所谓的莫斯科议定书上签字。A.勃列日涅夫（A. Brežněv）严厉地要求杜布切克，要使克里格尔不但被排斥出捷共主席团，而且要开除出党。称F.克里格尔为反共产主义分子，是和他的整个政治生涯相矛盾的——他是经过考验的民主社会主义社会的保卫者，他在党的领导层中，只是在 1968 年 8 月后的那个复杂的危机情况下，在如何应对和处理方面有不同的看法。

至于谈到捷斯特米尔·齐萨日，他是唯一的一个——根据苏联指出来的情节，由于 1968 年 5 月在 K. 马克思诞辰纪念会上的发言中的过错，在齐萨日的演讲中，他准确地、实在地解释马克思著作不曾有什么错误，他有根据地强调了在重建社会的理念方面的紧迫改变，但因此就被责备为反共产主义，如果卡尔·马克思活着，他无疑会夸奖齐萨日，而教条主义的"马克思主义者"摒弃了他。

至于约瑟夫·斯墨尔柯夫斯基——他是一位伟大的革命喉舌，但在自己整个政治生涯中没有受到尊重，他一直从高层政治中被掩饰着什么，他本来应该在莫斯科议定书中受到尊重，但是没有。有时候他的演讲带着过重的平民主义，有时用在政治上，他的合作同伴应该对此能够进行规劝，开除约瑟夫·斯墨尔柯夫斯基使党失去了一位有名的喉舌，他经常并且喜欢在公众场合演说。把他称为反共产主义分子是使人难堪的错误，总体上来看，对他而言，也是不严肃的个人耻辱。

不应该忘记，60 年代，特别是 1968 年，在捷克斯洛伐克战后历史上，是从 1948 年以来的第一个时代，是整个社会的决定性的部分，以群体的尺度公开出面并积极参加对自己国家前途的讨论。在这种情势下，公民们迫不及待地要求回答许多的基本问题，包括关于过去的以及未来日子的政策。显然，政治的和国家的领导层唯一的出路是：宣布切实的实现根本的改革步骤，并且寻求信任和支持。那些真正的"改革的共产主义者"，我们现在说到他们，都是普通的人，他们被排除出公共生活，并长期被加以这样那样的挑剔和诽谤。

读者问：奥勃日纳的报告中怎样看待他们？

把他们看作敌人，也跟踪了他们。实际情况是反常的，整个的不同

第十章　关于有希望的前途与真正的失败

政见运动，主要是七七宪章，在很大程度上依靠他们具有的经验，依靠他们的政治素养及对体制的了解。我在已经退休的时候，从官方的材料中读到奥勃罗达（Obroda），很遗憾地被中央委员会主席团认为是不共戴天的仇敌，他们中的各个代表人物，也是我以前的同事，被指名道姓地粗鲁地侮辱。这样一些特殊的人物，例如弗拉基米尔·卡德莱茨（Vladimír Kadlec）教授，原来出色的教育部长、杰出的历史学家米劳什·哈也克（Miloš Hájek）、克拉德诺（Kladno）的弗拉其米尔·柯尔米斯特尔（Vladimír Kolmister）及其他人，都曾被宣布为敌人，就是这样，捷共准备好了的宣布所谓"讨论根本性的社会问题"，就这样，准备好了寻找政治方案。十分离奇的是，奥勃罗达的代表人物在1989年11月之后，竟被毫不妥协地推到了政治的边缘，并在各种各样的借口之下，被关押起来。我至今不明白，这是为什么？奥勃罗达完全被排除在游戏之外，切尔尼克、弗拉舍克、华莱士及其他人曾经努力做过些什么，但是结果都是徒劳。这中间有许多受过教育的和有经验的人们，有能力担当高层的职务，可能这也是为什么他们被关押了的原因。因而，对于那些长久受到迫害的人们，给以精神上和政治上的平反是远远不够的，首先要考虑他们个人的潜力。请你们看看，弗朗基舍克·符拉沙克是如何准备了斯柯达客车制造厂的私有化的，这可能不符合新的政治精英的利益，他们不想要弗拉基舍克准备的这样的私有化，他们要的是另外的利益，而不是民族的利益。

　　读者问：您讲到了民族利益以及对它的捍卫不力，您不认为这样的说法实际上已经"过时"了吗？

　　我感到十分惊讶，您提这样的问题，已经有许多的书，几百万页的文字描述民族利益已经走到尽头，然后即使发生一次小事件，我们也可以看到，坚持熬下来的民族利益完全还活着。你们大约还记得不久前的西班牙黄瓜事件，还记得捷克公民的加拿大签证事件，还记得对于我国的公民在德国和奥地利的就业障碍。你们肯定还记得各个国家对轰炸南斯拉夫以及不久前的对卡扎菲的立场是多么的不同。还有德国从俄罗斯通过波兰国土的输气管道的项目引起了多少次的讨论。总而言之，在这个被全球化的世界上，民族利益存在着，还将继续存在下去，我们有之，其他国家也有之。就是那些最强大的盟国有时候当他们的利益大于我们时，也会有一百个充足的理由，也会猛然地向后缩回。这也是我们11月后外交政策的重大失误。我们虽然进入了北大西洋公约组织NATO，我们似乎是可以感到安全了，但是我们徒劳地记得，在经济、运输或者文化方面的具体利益也参加进去了，实际上我们必须加上各种禁运条款，以免我们腾出来的市场空间立刻被别人利用了去。总而言之，这是利益。

读者问：当前捷克共和国相当多的债务也属于您的失望吧？

这笔超过几十亿的债务不仅仅是失望的理由，而且也属于重大和根本性的历史评论。我曾经提到过哈维尔对过去时期的断定："我们国家不繁荣"。我国在过去不曾有任何的债务。11月以后的新政权接管了强大的，虽然不是所有方面都现代化的经济，接管了国家银行，有不少的储备，接管了捷克斯洛伐克出色的、卓越的对外贸易的名誉。但是现在我们的债务是多么的大，这债务还不包括在医疗、社会福利及在整修公路所需的资金，在文化方面更不用说了。现在包括在预算中的赤字，不是过去体制的债务所引起的，过去根本不存在债务。所有这些钱到哪里去了？

读者问：在您的第一本书中，您对社会主义共和国的"经济遗产"作了内容广泛的叙述，这对读者引起了很大的注意力，您还有些什么补充吗？

我想，也必须补充。捷克斯洛伐克社会主义共和国除了拥有大量的、没有债务的资产，在1989年还拥有850亿克朗的现金金融储备。现在政府根据政治应该有预算的责任，为什么我们需要这样？因为最近这20年来，共和国的债务达到了1.5万亿克朗，还在增加中，什么

第十章 关于有希望的前途与真正的失败

时候能停下来？我们现在暂时只能支付利息，一个新的国家预算还总是赤字？

到现在为止，停止国家债务的理念还不存在，至少还没有明确。我也不是不敢指出，这么大的债务将意味着什么，也许我会被指责为散布令人惊恐的消息。国家装出样子，说债务必须由所有我们来偿付，但是同样也是这个政府，已经好多年阻止采取通过证明资产来源的法律。自然，当您盗窃了从国家或从公共采购中的几千万，您就比较容易对面包或者药品支付更高一些的增值税，如果您盗窃了一百万，您对您的未来的钱就不必太感兴趣了。因此，对于少数几千个人来说，我们国家的确繁荣了！

读者问：您对其他人的立场的看法和经验呢？

在2011年的上半年，根据民意调查，对政府的信任率只有20%的居民。某些政府领导人，包括总理在内，指出信任率显著降低的原因为：复杂的经济局势，预算不平衡以及对职工和退休者的生活水平进行大众不欢迎的干预。我们知道，这是谁造成的。正是这些坏事的肇事者，11月后的政府班子，提出了勾销、提高或限制福利补助金额，这是最正确的策略吗？

至于谈到米劳什·泽曼（Miloš Zeman[①]）的建议"我对于捷克共和国的未来的建议"。政府有义务拿出对这个以前的有成绩的政府总理的严肃建议的看法来。泽曼建议采取累进税制、证明资产来源的法律、取缔非法的收入及资产、取消由于各种院外游客压力之下的例外减免税、降低食品级药品的税率等等。如果对这个建议保持沉默态度，政府的信任就不可能得到恢复。

读者问：目前的政策如果继续下去，会在捷克共和国带来某种根本性的动乱吗？

---

① 社会民主党的原领导人。——译者注

我希望政策会及时改变，根本性的动乱总是绝望的结果。我想，在我的生命中，已经不会发生什么悲剧性的了，但是不久之前，一位熟人向我提起伏尔凯尔（Wolker）的诗："在 X 光机前面"，累垮了的工人不断地问医生，在他的身上看见了什么，最后，这名患者提出了问题："您在最深的地方看见了什么？"医生回答："最深的地方，穷小子，我看见了仇恨。"

　　我十分高声地问："有谁想要这个？"

第十一章

冶金与重型机械部部长 L. 格雷的回忆

L. 格雷的简介

L. 格雷（Ladislav Gerle）毕业于奥斯特拉发（Ostrava）的高等矿业学校冶金系，在新钢铁厂（Nova Hut）工作，后任炼铁工业公司（Hutncitvíželeza）技术副总理。从 1979 年开始，任联邦政府冶金与重型机械部部长；1981 年开始，任联邦政府内阁副总理；1988 年，短期担任联邦政府冶金、机械及电工部部长，然后任经济互助理事会（RVHP）在莫斯科的副总书记。

我在 1979 年的秋天，被任命为冶金与重型机械工业部部长，和当时的联邦政府内阁总理第一次接触。我当时问他："为什么您正好选择了我？"回答很简单："我知道你的工作"，事情就是这样。

任何时候，当我想到自己的"国家政治生涯"，我总是对自己，也对自己周围的人重复地说，我实际上从来没有感受到自己是政治家，我首先是专业人士、工程师，开始在大工厂工作，然后在整个部门的总经理处工作，在大的建筑工地，然后到部里，最后成为政府内阁的成员。但是，政治在真正的意义上并不吸引我，可能还有点避开我。我作为什特劳加尔内阁的成员，一直到 1988 年解体时为止。我们回忆起来，那时候我们是在什么样的体制之下！

首先，曾经是那个魔法的词句：中央控制，不仅是个词句，在这个体制之下，部长就是有关的康采恩的超级总经理，部门的管理委员会主席，生产和经济联合企业的头头。和他们没有合同，但是总负责，并且向政治中心保证贯彻完成它的意图。此外，这个体制和战时威尔逊·丘吉尔采用的体制没有什么不相似，简单地说：我及我的同事们，我们是金字塔的执行元件，但是金字塔的顶尖不在政府内阁，而是在伏尔塔瓦河的对岸，捷共中央委员会的大楼里。这样，并不减少我们对所有决定了的和签署了的事情的责任，我只是指出，如果和今天的情况相比，今天政府内阁完全是政治上独立的，而之前的体制不是这样。

我想再讲得更为明确一些，在这个体制中，政府内阁总理不仅是所有部门的最高的总经理，而且也正是负责任的政治家，他必须看到不仅生产、消费、问题、建设、结算及全部的共和国生活的实际问题，当然还要认识到更广泛的重要关系——国民经济的整个趋势。不能够对整个的经济、对外政策、安全以及思想意识关系方面失去清醒的认识。简言之，中央控制的权力愈高，责任也更大。我现在在脑海中重新放映自己那时候的工作日、周、月、参加各种会议、活动及其他事情时，总是好像单位的负责人，而从来不像政治工作者，不像政治主体。这不是偶然的，当我在1988年解除了内阁成员的职务时，从中央委员会来的某人对我没有指出任何的政治错误，而是只说我偏爱重型机械制造业，但是对一件小趣事，却郑重其事地对我说：我耽误了小客车 Favorit 的生产 14 天，因而耽误了国内市场。

请原谅，我这样啰啰嗦嗦的解释，但是我的工作的确不曾是什么政治炫耀，我的工作曾经是尽可能更为专业地解决我负责的领域中的问题。

在 L. 什特劳加尔第一次成为捷克斯洛伐克政府内阁成员的时期，我正好毕业于冶金系，进入了奥斯特拉发 – 库奇茨采（Ostrava-Kunčicíce）的

第十一章　冶金与重型机械部部长 L. 格雷的回忆

"新冶金厂",在这里我渡过了几乎十个年头,我不认为是徒劳的或者不是有成效的。

捷克斯洛伐克曾经是机械制造的强国,有其历史原因,我们曾是奥匈帝国的大部分的工业区,在第一共和国时期又更扩大和更成熟了,在技术上充分装备的比尔森斯柯达康采恩ČKD以及维特柯维茨(Vítkovic)重型机械制造厂,扩大了在北捷克和在布尔诺的大工厂,简单说来,就在稍晚的二战时的纳粹占领时期,也引起了德国的重视,在战时他们要求这部分国土要平静和最大限度地进行生产,由于这个战时的历史条件,这些工厂没有遭到大的破坏,这是我们知道的实际情况。

斯洛伐克的机械制造业,由于第二次世界大战前的对兵工企业的投资浪潮而兴旺起来。投资使得 ZŤS 玛尔金(Martin)、杜勃尼茨(Dubnic)、ZVL 波瓦兹斯卡·培斯特里卡(Považská Bystrica)等企业在许多方面并不次于先进的捷克企业。

社会主义带来了新的推动,斯洛伐克地区的大规模的工业化显著地改变了共和国的工业地图。我们的生产能力成为如此之大,相当于人口两倍到三倍于我们的国家,或者可能正是由于这个原因,我们总是感到缺少金钱、材料、人力和其他资源,但我们还能够拿得到。

我们的机械制造行业曾经能够生产全世界需要的东西:航海船只上的推进轴,所有可能类型的汽车包括公共汽车、电动机、核能和所有的发电站、出色的纺织机械、所有可以想得到的消费机械产品从摩托车、自行车、炊具、炉灶、大型矿山机械、最现代化的医疗技术等等,自然还有传统的武器——从手枪、猎枪、坦克到雷达。

然而所有一切都显然十分不平衡。我们那时在这样的体制下工作,不但在官方正式文件中,还是在一般的实践上,都要求达到这样的目的:要消除不平衡,要使生产、消费、价格、对外贸易关系、库存等等都协调起来,然而从来都没有真正这样实现过。这是因为,除了许多别的因素以外，我们在相当的程度上是根据实物来管控经济，而不是根据经济工具。年纪较大的读者大概还记得斯柯达 1000MB 型轿车，在那时候是相当好的、成功的产品，但是波纹钢板太薄太轻，是麦拉达·鲍雷斯拉夫（Mladá Boleslav）的轿车厂没有做好吗？看起来好像是，结果是出在科希策钢铁厂的钢板生产中，是那里的轧钢机吗？结果也不是，最终发现是没有尊重原先的项目计划，降低了最后精加工汽车钢板设备的费用，这样就必须再投资和检查。简言之，我们有钢铁厂、有汽车厂、东西都符合，但是在客观上，最后生产的价值降低了。

对我们的关键问题，我从来没有做到把它一下子打开，这就是企业的积极性，企业领导的积极性。在管控中心经常人为地决定价格，而客观的关于各种费用消耗及收益的数据又不足，我们虽然给企业留下了部分的利润，对这些利润，名义上企业可以自由使用，遗憾的是这仅仅是名义上的。全国有一个统一的工资标准，其中如工程师的工资，不管他实践经验如何，基本上的是相同的，不管你是被动的按教条办事的人，还是出色的主意的原创作者。企业的投资又如何呢？即使企业是盈利的，但是它缺少"购买食品的券"，准确地说就是购货凭证。我们曾经有的，实际上就是凭证分配的经济，不管是材料、人员、技术、外汇等等都是这样凭证分配。你的工厂如果需要一台轻型货车，你有所谓的平衡计划表吗，这是由你的总经理或者部长掌控的，你有它吗？如果没有，你必须要去跑，去麻烦人，去通过亲近的同志施加压力……，这完全不是因为这种需要的货车供货不足，或许只是平衡表也许被别人拿去，而他暂时并不需要。剩下什么事？你不必做经理了，去当采购，那时最重要的人员是采购人员，他们长年累月在共和国转圈，设计师、工艺师在重要性阶梯上远远地低于他们。

我亲自经历过许多这样的事情，其中有一件事真正给我带来了别出心裁的惩罚。还是当我在新钢铁厂任副厂长时，我分工管理发展和投资，当时决定要建设一座半精轧钢厂，投资巨大，这样的建设项目总是要考虑投

第十一章　冶金与重型机械部部长 L. 格雷的回忆

入建筑工地设施的众多资金，这些设施包括建筑职工基地、能源、道路，还有供给几百人的食堂及住处。我当时决定了，不采用只在建设时期使用的临时性建筑，而是建设永久性的食堂和旅馆，供将来一般的来访客人及自己的职工用，这也是客观上必要的设施。我承认，经历了各种签署同意之后，获得了相当的满意，当然不是我的成绩，而是对企业有利的，我不就在这个企业工作吗！同样，我这次也冒了险。

这样的改变自然必须得到新钢铁厂总经理处技术经理的批准，我曾经担任过这个职位，因此我自己就批准了。但是还要经过部里面的投资司批准，经过长时间的计划、批准及实现执行，正是这个司，后来我在当副部长的时候就在我的管辖下。结果呢？在库奇茨采建设好了，而政府内阁主席团做出相应的结论，结论责问是谁造成了费用增加？因为改建自然不会是免费的。然后，当时的部长兹德涅克·普切克（Zdeněk Pǔček），我已是他的副部长，对我根据相应的劳动法的有关章节对我提出问责，我对这件事至今还是抱着保留的态度。

我当部长之后，我给我的经理们稍为有点自由度，投资在二百万克朗以下的，可以根据自己的思考来做决定。但我知道这并不是必需的改变。一般总要讲到利益，企业的利益曾经是，或者说应该是生产、提供工作、产生利润、有助于整体繁荣，但还有其他的利益：总经理，虽然你是有成绩的，但是有多少人参加了"五一"游行？你的青年团工作怎么样？你的工会工作得怎么样？你找到了多少年轻工人入党？今天看来，所有这些好像有些滑稽，但是曾经是很不快乐的事。因为经理们要解决的问题远远超过只在总经理部或者在部里那样简单，还有地区或者州委员会的事情。自然，他们有好处，他们会从这些方面来限制你。但总是要冒险，有时有些荒唐的法规会掉在脑袋上。我在管控捷克和斯洛伐克的工业中，我的协调任务遭到了捷克斯洛伐克联邦的权限范围法的冲击，我去问政府总理，我实际上的权限在哪里？什特劳加尔博士回答说："是这样的，你对你自己的决定担负责任。"

今天，人们经常评论我们的机械制造业曾经是过分庞大臃肿的、落后的、国际上没有竞争力的，我必须指出一个重要的里程碑，大概在60年代中期，决定了形成生产经济单元，简称为 VHJ（Výrobná Hospodářská Jednotka），这是非常出色的主意，经过各种曲折，最后显示出它的优点，例如奥洛莫乌茨（Oloumouc）的西格玛康采恩（Sigma Olomouc），拥有全部 19 个不同的生产、销售、设计和服务组织，康采恩证明了出色的掌握了全部各品种的压缩机、泵、各种管道等等，它的专业精度好不好会影响整个的经济。类似的 VHJ 强电电气技术工厂出现了，它可以生产各种电动机，小到洗衣机的电动机，大到工业电钻用的，它还有试验和发展部。它们的部件是经过试验的，还增加了工作场所。现在我们跳到我工作结束的时期，1988 年，在企业的"独立性"的口号之下，对此口号没有人认为是不严肃的，成立了40 个机械制造 VHJ，分为400 多个的实体。我必须签署许多新的成立公文及经理任命书，以形成印象，说我们在进行民主化。当然，中央管控体制得继续下去，部长——曾经是我——在我的管控下有几百个实体，实际上，问题并没有解决。然而我们曾经有过非常出色的产品，而且包括许多专业领域——例如纺织机械，我们曾位于世界前列。

今天，我们看西方是现代化的，那么让我们来看一看：世界上最大的冶金康采恩（Arcelor Mittal），吞并了奥斯特拉发的新钢铁厂（Nova Hut），这个康采恩不仅有许多大的生产厂，分布在全世界，还有自己的销售、研究基地，总之，它将全世界的黑色冶金抓在自己的手里。同样的模式里可以找到西门子（Siemens），大众汽车等等数百个例子。我们的机械制造业的模式曾经是好的，是有生命力的，应该考虑成熟地继续发展，而不是破坏掉，吵吵嚷嚷地私有化，最后在相当程度上遭到自然的消灭。今天我们是这样的国家，虽然还在生产，但时常只是半成品、铸件、锻件、或者是不很复杂的部件进行装配，供给国外最终的用户，这些是我们可以用眼睛

第十一章 冶金与重型机械部部长 L. 格雷的回忆

看得到的。

我在上面已经讲过一次,想再讲讲纺织机械,在 1984 年,我曾经去过米兰的有关这方面技术的展览会,在当时,世界上没有再比这个展览会更有威望的检阅了,这个产品的国际协会的主席对我说:"捷克斯洛伐克已经好多年处于前列,在有些方面居第一位,但在哪些方面呢?你们展出最多的是装配纺织机的各种基本元件,而在整机方面就比较弱一些了,我经常到这个展览会来,我认为你们的方案是有成绩的,但是你们自己不出来供货,而是买了你们专利技术的另外企业供货,为什么你们光展出而不自己生产?"我对他问的问题感到很难回答,其原因隐藏在我曾经在上面说过的那些地方,顽固的中央管控的体制证明了可以达到出色的技术解决方案,但是僵硬的计划和决策,经理们缺乏自主性以及各种各样的经济以外的影响使得新产品的实现过程十分缓慢,这是悲惨的现实,也是我们的政治垮台的原因之一。

在国际市场上,我们曾经是重要的、强大的成套机械设备输出国,我们几乎在全世界各地建造了各种各样的整套工厂,这些国外订货大部分都是最新的工艺,所以对我们国内的机械行业来说,是对技术工作、设计和工艺方面都带来了很高的要求和更大的空间。今天在世界上有几百座汽车装配厂,或者其他的复杂和高要求的产品厂,这些工厂需要数百数千的工人,但只要少量的工程师,那边有安装得很好的自动线及可靠的检测,具体的操作几乎任何工人都可以来做。我还记得维特科维策机械厂得到了在罗斯托克(Rostock)的一个码头改造工程项目,这是一个独一无二的项目,要求创造性的技术解决方案,那里需要一个技术员配三个操作工人。我们的一些企业,如比尔森的斯柯达机械厂、克拉辽瓦波尔斯卡(Královopolská)机械厂、赫拉德茨·克拉洛维(Hradec Králové)ZV ÚÚ 工厂、普热罗夫机械厂(Přerov)以及上面讲过的维特科维策机械厂等等都具备此能力,因此我们曾经在国际市场上保持先进的成套机械设备出口国地位，需要补充说明的是，当时对我国的出口价格也有良好的反映。

我的回忆里也不能忽视那些设计师、工程师、工艺师、冶金师等等其他人，他们虽然不断地要和管控系统作斗争，和那些有时是完全没有意思的指标和标准作斗争，但从他们的头脑中还是冒出来令人惊异的东西，这确实是因为他们的"专业责任心"（请原谅我在这里使用了已经陈旧的用词）不允许只是谩骂、抱怨和发泄。捷克工程师们，常常是被认为只是略为有点价值，总是有能力实现自己的设计方案并为之而奋斗，即使是只有自己看来是十分有意义的工作，也要为之奋斗。

缺少活力和不受尊重的经济互助理事会组织 RVHP 也造成我国的工业没有得到充分的利用。经互会将发达国家和发展中国家联合在一起，另一方面，所有参加国的上层领导们都像小鬼碰到阎王一样地害怕真正的市场联合，害怕真实的货币比率和货币的可兑换性，因此十分困难，有时是不能进口我们所需要的货物，我们的出超（顺差）本来有可能也许增加一百倍，除非在我的账户上的卢布是可兑换的，它对我们什么也保证不了，这实际上是在国际上的"食物配给票"。

从这里也引起了我们的机械品种十分的多。在 RVHP 各国间的价格政策曾经是这样的：当谁有了真正尖端的产品，马上就有人用可兑换货币来购买，其经济回收就会很快的。L. 什特劳加尔和苏联的部长会议主席柯西金及雷日科夫曾讨论过上万次，准备过各种改革，但是没有得到所有国家政要的政治赞同，因此除了一般的宣告之外，什么也没有产生。

我在政府中工作的时候，一直更多地打开和西方国家合作的大门，曾经很清楚的是，在机械制造和电气技术上，没有和他们的合作，我们很难跨出进一步提高质量的步伐。我参观访问了荷兰的菲利浦康采恩（Philips Koncern），我们需要从根本上使我们的消费电气产品现代化——从收音机到电视机。在 1984 年录像机成为市场的普遍产品时，菲利浦在这个品种上

第十一章 冶金与重型机械部部长 L. 格雷的回忆

确实是尖端水平。这样，我们与菲利浦公司签署了协议，在布拉迪斯拉发的 Tesla 开始专利生产录像机，我们将回付 Tesla 利托维尔（Litovel）生产的优质电唱机。这只是一个小例子，从来没有达到什么举世震惊的规模，但是我还是必须直接在捷共中央委员会主席团里做很多的解释和证明：当组织这样的合作企业时，从捷克斯洛伐克的员工的观点来说这意味着什么，怎样影响到或者没有影响到他们的权利，他们会不会成为资本主义企业的一部分等等。现在，我回想起来，只会感到好笑，但是在那时候，某些国家的高层领导人不能懂得，对于我们的工人来说，这个和菲利浦合作的企业的条件是不坏的，不知道他们对这很好地懂得了吗？

在我的回忆和经验中，有一个很重要的题目：关于捷克的工程师，过去他们是怎么样的，今天的捷克工程师怎么样……很难去思考，因为今天的场面看上去很不愉快。现在按次序来讲，我开始我的大学学习在 1954 年，毕业在 1959 年，不久前，毕业 50 年，我们那时一个系的同学重新聚会，那时参加的还有一部分以前的老师。我问："我们那时的高中毕业生和现在的比起来怎么样？"教授们的回答是一致的："你们的基础比今天入学的高中生要好"，这是在 50 年之后。

对于大学毕业生也同样是这样，不可相信……在我的生涯的尽头，除了其他地方，我曾经在克拉德诺（Kladno）的波尔蒂（Poldi）钢厂和霍穆托夫（Chomutov）的 VTŽ 轧钢厂工作，实际上是在它经过私有化后的剩余部分，那里还有几十名工程师和技术员，在那里他们没有太多的工作要做，但我还是干，因为我相信会重新恢复和再次发展生产，所以我一直坚持着，虽然没有奇迹发生，但是已经是另外的历史了。我当时只是想，哪怕是稍微做一点工作，这样我开始想出来各种考试方法对他们进行训练，例如考考他们高中水平的教学，结果是很不好，我那时已经 60 多岁，但我所掌握的题目对许多 25 岁的工程师却成为解答不了的难题（啃不动的核桃），然而他们很娴熟地掌握了计算机。

我完全不是想将旧的黄金时代都理想化，当我在新钢铁厂担任副厂长时，每年都接受"分配来的工程师"，从全国来的大学毕业生，即使在那时候已经是有很大质量上的差别，设计部的负责人（设计部有400多人，不是一个小的办公室）首先要求引进利贝雷茨（Liberec）大学和布拉格大学的毕业生，其他大学来的少一些，原因很简单，因为前面两个大学的毕业生最会设计制图——在图版上工作，另外从奥斯特拉发大学来的大学生，材料方面的知识最好，然后自然是十分重要的是知道如何开始工作。我自己很幸运，在学校毕业之后马上遇到了很光荣的工程师们，其中一位保护神是伊钦斯基（Jičínský）工程师、博士，在第二次世界大战之后他任捷克斯洛伐克冶炼厂的总经理，在50年代被不公正地关押过，我认识了他，有幸聆听了他令人赞叹的知识和经验，看着举止高雅的他，我可以庆贺自己，我免费进了尖端的专家讲授的学习班。

捷克斯洛伐克的机械制造行业和冶金行业曾经具有好几个领先的冠军地位，确实是历史上传奇般的转折点。托马斯·埃尔瓦·爱迪生（Thomas Alva Edison）在1893年芝加哥世界博览会上，被问到"您认为什么样的发明是最重要？"爱迪生毫不犹豫地回答说："无缝钢管"。世界上第一根无缝钢管是在霍穆托夫（Chomutov）由马奈斯曼兄弟（Mannesman）生产出来的；还有在特普利采（Teplice）冶金厂实现了世界上第一次的"连续轧钢"，可惜这个厂现在已不存在了；还有第一座欧洲大陆上的焦炭高炉是建立在维特柯维策（Vitkovice）。

这样，我们有十分辉煌的传统，但是我不敢说，我们的将来会是怎么样，我从政府中工作退下来之后，到了科学院的预测研究所。

不久前我到布尔诺去，在路上带上一位搭便车的人，是一位刚从药物系毕业的女生，目前有很好的职业，药店里的专业代表，其责任为负责遵守所有的规范标准，每月工资4万克朗。有多少在生产、开发和设计单位的工程师有这么高的工资？

第十一章 冶金与重型机械部部长 L. 格雷的回忆

我们注意到，今天的企业，如维特科维策或者斯洛伐茨凯机械厂（Slováckéstrojírny），他们由工程师们来管理，取得了出色的成绩。但是我完全不明白，现在有这样的普通的情形：某一个人可以管理了保险公司一年，然后转到了机械制造企业，然后又到了航空企业，有可能他精通会计学，具有国际水平，但在专业方面呢？这样的人，如果在大众汽车厂能有前途吗？

现在，我们准备结束这篇文章了，从我讲述的这些，可以清楚地看到，有些事情没有能够做到。我的看法是，这曾经是合理的经济管理。在全国和整个社会都是这样。在我作为部长，以后作为副总理管理的领域内部也是这样，只是我曾经可以做到，也应该更多地为使用更为客观的、更为合理的、更为有效的管理工作而斗争，要高度评价好的工作和严厉惩罚不良的工作。

我想，我自己也知道，正是这一点，卢博米尔·什特劳加尔看作是自己的很大的失败。

第十二章

外贸部第一副部长 F. 朗格的回忆

F. 朗格（FrantišeK. Langer）简介

他曾在布尔诺高等技术学校学习，后来毕业于军事技术学院，参加军队。之后到勒特尼（Letňan）航空研究及实验所工作，又到航空司令部。以后转到外贸部门，稍后担任 Omnipol 公司技术总管理部总经理，再后来任外贸部副部长、第一副部长。1988 年担任驻德意志民主共和国（NDR）大使。从 1991 年开始，和德国蒂森·克房伯公司合作，在奥斯特拉发、克拉德诺、科希策、特希乃茨（Ostrafa, Kladno, Košice, Třinec）等地扩建冶金企业和焦炭炉。

我想从很早开始讲：在 20 世纪 50 年代，我作为一名年轻的机长，进入了航空司令部。我在那里时间不长，在外贸部开始成立一个专门从事军事进出口的特殊工作单位，我就被"分派"到那里。这样，对外贸易就成为我的整个生涯的命运。

我从来没有感到遗憾。捷克斯洛伐克是一个传统上在外贸方面不断发展的国家，我们的产品为全世界所熟知，我们的工业和社会需要大量的原料、能源、化肥、各种化学原料、机器和消费品。我们作为外贸的工作人员，不仅"完成了计划"，而且完全自然地帮助了国内企业。我们不仅保

第十二章　外贸部第一副部长 F. 朗格的回忆

证了进口和出口，我们还是他们的眼睛和耳朵，我们给他们带来了无尽的信息资源，而且经常带他们参加展览会，参观和创造各种的接触机会，让他们自己看到和知道如何走向世界。

我还想起了一件关于语言和专业水平的事：外贸部和所有的外贸企业对教育程度和外语水平都非常重视。那时大概还没有"终生教育"的说法，我们所有人都必须事先学好，再通过一个一个的专业和语言考试，而且保持高度的专业水平。像那些今天的所谓各种"消息灵通人士"所肯定那样：我们的部门职工的生活是如何如何的好，连孩子们的生活据说也多么甜蜜，这自然都是胡诌的。我们没有高工资，对我们适用的是国家计划的硬性数字，因为在这里，国家需要拿到外汇，对各个工作人员的评价常常是十分硬的。

这样的条件自然产生了最好的有经验的专家，并且逐步产生了整个一代专家。同样，我们的部长们不能够只是政治家的形象，而是真正的专家们。我不能只是羡慕弗朗基舍克·哈牟泽（František Harmouz）、安德烈·巴尔查克（Anddrej Barčák）以及出色的博胡米尔·乌尔班（Bohumil Urban），他们都是国内企业的大专家，而且很快成为了很强的国际权威。

就像我在前面讲过，我们和国内企业的关系很密切，但这并不意味着，我们之间的关系是那么理想。因为遗憾的是，中央计划经济对弹性和快速反应国际市场没有给予很多的空间。即使是大的出口公司，他的动力也是倾向完成指定的计划指标，而不是快速和郑重地在世界市场上进行操作，因此，我们曾经进行没有结果的讨论：如何增加出口能力？如何对新的趋势做出反应？如何加强我们在哪些国家的竞争力，在哪里我们的竞争对手还没有超过我们？这些不但适用于最发达的资本主义国家，而且很自然，也完全适合用于所谓的发展中国家，更经常地也适用于经互会（RVHP）各成员国。我作为副部长，曾经参加过几百次关于和社会主义国家如何合作更弹性化的讨论。所有的欧洲社会主义国家都有这个要求，但遗憾的是，总是遭到立体声型的政治概念的打击，说什么现有的模式基本上适合，对它作改变没有大的意思，然后，当来了世界石油危机及进一步的世界经济的震荡，证明了我们需要有效的合作。对于捷克斯洛伐克进行了在生产中的关键性的结构变化。我们的品种曾经是过分的多，因此我们不能够达到尖端的技术，价格水平也低不下来，然而，真正的专业化的所有尝试都停留在半路上。不存在真正的价格和可兑换汇率是产生以下情况的原因：谁有了质量好的产品，就尽量拿到西方市场，而不供给自己经互会的伙伴，在经互会这个集团的范围内，当然存在国际上很抢手的货物，例如苏联的石油、天然燃气及其他原料、稀有金属等。客观上需要承认，我们的价格要低于世界价格。

  让我们还回到我们的出口工业。我们的机械制造工业曾经是相当好的水平，军事技术也包括在内，我就是多年从事这方面的领域。非常自然的是，军事工业的出口一直是和国家的对外政策相联系，而且是基于同盟合同和义务。这也会遇到强硬的国际竞争。我们在高层政府级协议中获得一些支持，但这并不自动意味着成功了，在某些发展中国家，我们会遇到西方对付我们的竞争，如广泛的行贿，答应和提供各种好处和反服务等等。我必须强调，有一些国家，我们用严肃和标准的步骤，即使通过所有的政治宣言，也没有取得成绩。

  在 1989 年之后，关于我们的出口武器及其"道德"问题，发表了数以几千页的各种文章。我不能够对这些文章来进行答辩，因为许多是谎言。我作为外贸部的高层领导人，多年来对这个领域负责。首先我们的军事技术的出口，用世界的尺度来衡量，没有达到可被称为武器超级大国。多年来我们有非常好的教练喷气机，是在 Aero Vodochoda 工厂生产的。还有某些武器及武器系统，雷达、装甲运输车、坦克。自然，比起美国、法国、英国、联邦德国及北大西洋条约的其他国家，我们肯定是对世界和平没有造成过什么威胁。在这方面，我们在 1990 年停止生产军事技术产品之

第十二章　外贸部第一副部长 F. 朗格的回忆

后，带来的唯一的一个效果是我们的客户立刻被别人拿走了。世界武器出口量并没有任何的减少，相反，这个行业比所有其他的国际贸易商品都增长得快。任何的"真理和爱情"都没有取得胜利，只有许多捷克和斯洛伐克的企业必须努力去找新的生产项目或者关门。

　　如果从数量上来说，我们在消费品方面，可以算是一个出口超级大国。例如在一些经互会国家，把捷克斯洛伐克当作皮鞋、纺织品、玻璃制品及其他产品的唯一的战略供货国。这曾经是很有利的，大量的、系列化的、合理化的生产，对企业和职工都带来了稳定。这种非常突出和特殊的地位是很正面的，我们的企业学会如何革新，对世界上真正的订货做出弹性的反应，带来不断的新消息、新东西。然后我们自己国内的市场感到有些痛，同样我们长期的西方贸易伙伴也相似，他们经常专业定向于我们的商品，也经常失望，因为我们对他们的对新商品的意见和要求不做出很快的反应。

　　在这方面，我必须回忆起来，在我们的经济有许多问题的情况下，我们还是和贸易伙伴经营得很出色。我们依靠的不仅仅是我们大使馆的商务参赞们，而是直接通过在国际市场上的成百上千的专业工作者，那些大的投资项目中的装配工及技术员，分布在各个洲。只有很少的时候，我们免不了有时会给外国的伙伴造成不便，但完全没有给外国公司或国家造成负债。我们的绝对可靠的支付道德的名声在外，在 80 年代，我们几乎每天收到许多世界最大的银行提供的条件十分优越的巨额贷款建议，但是我们从来没有加以利用，譬如可以用来较好地保证国内市场，然而，这已经不是外贸工作人员的责任了。

　　我差不多在外贸度过了我的整个生涯，当然在我的记忆中，也有些人们在其他地方遇不到的有趣事情。在 60 年代初，我们得到了一个重要的、在那时是十分机密的任务，古巴的卡斯特罗革命政府要进行货币改革，请捷克斯洛伐克保证生产新的硬币，我受命来关心这件事，总的说，很好地在造币厂顺利做出了好几吨的比索硬币，准备运到列宁格勒装上苏联的轮船。一切都进行得很正常，只是在装船时，一个装硬币的箱子在吊车吊到空中时，由于操作不当而裂开，数千个硬币掉了出来，幸亏这个小事故很快得到挽救，硬币都上了船。美国海军想阻止航行，但苏联的潜水艇保证了航线。这样，捷克斯洛伐克的硬币用来稳定了新古巴的经济系统。

在 L. 斯特劳加尔离开总理职务的同时，我在外贸的工作也结束了。然后我被任命为驻德意志民主共和国的大使，从那里我实际上从没有被解职，而是民主德国结束了，我就回家了。但我还是得到了另一个外交任务，有关伊拉克的危机，当时侯赛因领导层突然威胁说要使用我们的人，我们的专家，首先是军事顾问们，也包括投资公司的代表们去作为活人防线。我们的公民，分布在伊拉克全境，受到生命的威胁。读者们可能还记得，在开始解放科威特和在伊拉克的战斗中，电视描写了萨得·侯赛因如何为了各种目的而使用活人防线。在捷克内阁和军队中产生了一个念头，让我参加特别小组，这个小组由法采克（M. Vacek）将军任组长，派到伊拉克巴格达去，把我们的人带回来。对我的任命的批准人中，包括 V. 哈维尔总统。我为此事将终身感到高兴，因为经过了相当复杂的谈判，我们终于将所有 38 名同胞安全地带回了家。

第十三章

燃料及能源部部长 V. 埃伦培尔格的回忆

V. 埃伦培尔格简介

弗拉斯奇米尔·埃伦培尔格（Vlastimil Ehrenberger）为矿工出身，后成为矿山技术员、矿冶工程师。1973—1974 年任联邦政府内阁副总理，1974—1988 年任燃料及能源部部长。然后，任捷克斯洛伐克社会主义共和国驻匈牙利大使。他出版过许多在燃料和能源方面的专业及科学著作。

实际上，我以前和 L. 什特劳加尔并不怎样熟悉，我们只见过两三次面。我过去担任捷共北摩拉维亚州委的工业书记，而他是政府总理，是另外一个高层次。突然有一次，我被 G. 胡萨克召见，他开门见山地对我说："你将担任联邦政府的副总理！"我问："那什特劳加尔同志是什么意见？""哦，这你不用担心"，总书记说道，事情就是这样。

1973 年 12 月 14 日，我从 L. 斯沃博达总统那里接过了任命书。我当时 38 岁，事实上我不认识布拉格的高层领导人，本人也不知道这个城市。稍后发生了一件典型的事情：他们告诉我，将在赫尔尚斯基宫（Hrzánsky Palác）举行政府内阁会议。我不想问，我自己琢磨，这个宫在那里，在布拉格还是离开城市几公里的地方？我当时暂时住在台依维采（Dejvice），我想比较好还是订了一辆早上 7 点钟的出租车。自然，我们在十分钟以后就到了赫尔尚（Hrzán），我在那里像管子一样竖着等了一个多小时，其他人才来。这是联邦内阁的精神力量！

立刻，我和总理的第一次谈话吓了我一跳：我需要考核的范围很广泛。作为采矿工程师，整个来说，我很懂得采矿业，对动力加工也大概知道，但是煤气、冶金、各种类型的机械制造、投资性质的建筑、准备核电站等等呢？很幸运的是，我"领导"的各位部长——约瑟夫·西蒙（Jose Šimon）、雅鲁米尔·玛多舍克（Jaromír Matušek）和帕维尔·巴黑尔（Pavol Bahyl）都是专业的、多年的专家。另一方面，这意味着我可以最快地学习到许多东西，也要稍为在基础知识上和他们看齐，否则管辖不了他们的业务范围。我学会了，是怎么回事，但是我不能处理任何事情，也没有时间，来了一次根本的改变。先搁下不说。

在头几次政府内阁会议上，我了解了 L. 什特劳加尔对待部长们是友好的，完全不端架子的，但是是一位相当强硬的首长，他不但有完整的经济知识，而且在此领域有长期的经验累积，他有远见，并以此来衡量该领域的每一个问题，哪怕是非主要的问题。

还没有到一年，在一次议会的招待会上，燃料及能源部部长玛多舍克突然和我说："我必须离开，我感到不舒服"。第二天是政府内阁会议，总理讲他请假了："部长在医院里。"就在下午 L. 什特劳加尔接到电话："玛多舍克去世了"。他立刻向我问道，是不是需要帮助一下他的家庭，并吩咐我去看他的妻子，又补充说，要我立即考虑一下他的接班人。这是一项相当困难的任务，雅鲁米尔是一位卓越的专家和杰出的人才。我寻思了大约两个礼拜，咨询了许多人，但是我们真的没有好的主意。突然 G. 胡萨克来了电话："你应该作为任务寻找继任者，但是你什么人也没有选出来，这样你到那里去吧。"这样我就担任了燃料及能源部部长，直到 1988 年。我和鲍胡西·赫诺班克（Bohuš Chňoupek）两人是在什特劳加尔内阁服务最长的两名部长。

第十三章　燃料及能源部部长 V. 埃伦培尔格的回忆

这已经是很早以前的事了，但是我们回想起那时捷克斯洛伐克的动力工业、地下采矿和露天采矿的状况、移动电站、煤气工业、热电站以及所有与之联系的一切，并不是完全美好的图画。发电站大部分是小型的，是效率不高的，移动电站薄弱，煤气输送管道还仅仅在考虑中等等。年纪大一点的人大约还记得城市的边缘地区，那里我们必须逐步关闭旧工厂，以免装置和设备倒塌。大概还有人记得，在布拉格曾经有几万户居民的电路是 120 伏的，最后我们还习惯了，每天早晨无线电广播温度调节到多少，虽然在每一座大城市有照明用的煤气厂，但是同样容量不足，不能满足家庭需要。

为了解决上面这些困难，在 60 年代末的社会危机之后，实行了雄心勃勃的发展规划，如国民养老金年增长 6%、计划建造几十万套一级住宅、提高机械制造及其他专业的能力、农业及农村的现代化等等。所有这一切都要求完全不同的新型动力工业。在我们的历史上，我们第一次说："我们要建设完全新型的、更大的、可靠的动力系统，使我们可以满足社会，使大家不会常常过多地限制用电、用气，我们力图改变多年的问题，保证可靠的经济发展和人民的优质生活。"

政府总理是这个改变的倡议者。他懂得这对于整个共和国的重要意义。他也很好地理解了，1973 年世界石油危机意味着什么，但这不表示一切都会平顺地进行，所有的内阁成员将会由于巨大的投资感到高兴，巨大投资是应该的，的确也进行了。

拿核电站来说，我们已经有基础了，但是下一步发展是个难啃的核桃。雅斯洛夫斯凯·波胡尼策（Jaslovské Bohunice）工程及 Al 的首期实验表明，我们必须跳跃到高得多的水平。这样我们需要几百上千名的专家，我们需要改善铀的开采。我们需要……等等。自然，当时曾经是和苏联合作，但是他们也有自己的许多问题，不能够在所有的方面满足我们。

在北捷克地区，一般还是在小矿场和深井进行开采，使用大型露天开采机械还停留在纸面上。那时哪里有煤气输送管道和大量供应天然燃气？哪里有 20 万千瓦机组的热电站？或者甚至于有后来的棉尔尼克（Mělnik）的 50 万千瓦？移动电站是什么样子？每天都有人报告断电，原因只因为导线陈旧了，无法传送不断更大更新的功率。建造起新的大社区，要求提供大量的电和可靠的燃气及供热。就是在老住宅里，也不断增加了燃气取暖。家庭装备了洗衣机、电冰箱、冷冻机以及其他，需要的电大大地增加了。

什特劳加尔关于进一步发展经济的想法是依靠巨大的发展计划来推动。数字控制机床、电信技术、半导体、现代合成纤维及其他的领域都需要完全新型动力工业基地，更高效率的，并且很重要的是要可靠，自然，所有这些都在整个政府大范围的讨论之后产生了，并且会集了大批的拥有各种专业人员的队伍，但是如果最后没有总理重要、严肃和决定性的发话，一切都会在路上停止。我必须说，正因为动力工业是整个发展的关键领域，是不可缺少的条件，感谢我的同事们能够对此理解，有时候他们也犹豫过：是不是使他们自己的领域过多地加重了负担；另一方面，对我们也照着比较光辉的灯光，我们是否能够掌握根据预算批准的大投资，并且在规定必需的时间内完成，我们每天不断地受到评议，因为不可能永远在所有方面都做到没有一点点问题，也有在完全不愉快的时刻受到了批评，最后谁都了解动力工业，只要他在工作中需要开关电闸。这种事发生过：有一次在中央委员会会议上，G. 胡萨克批评了我，因为他的某一位"顾问"向他说：我到国外去玩了，而当时"农舍起火了"。简言之，是有人抱怨诉说某个地方上发生了问题，而凑巧我为了谈核电站问题到奥地利去了两天。如果不是总理为我承担了责任，保护了我……您会知道，接下来会把我怎么样。

在那个时候，典型的事例是：实质的、技术的、甚至关于具体人的讨论都被认为是推卸责任。特别是对党政机关的一些干部来说，数字和技术

第十三章 燃料及能源部部长 V. 埃伦培尔格的回忆

数据是抵制他们的"杰出的"政治想法的一种危险的尝试。但这只对动力工业不起作用。

当然,事实是最重要的:第五个五年计划中,有 285 万千瓦的新增加的发电量。而在 1975 年还一直只有 180 万千瓦。这就是说,质量比较低,有人是这样讲的,怎么可以说电的质量不高?可以说的。在技术上是正确的,用户考虑频率为 50,但低下了,可能只有 48。对收音机来说,这没有什么关系,但对许多装置就带来威胁了。在我的桌子上,有过这样一个显示器,可以连续地显示这个频率数据,有时显示数据低,这样我们远远没有达到目标。在这时期,常常有灯光转暗的威胁,常常会损坏装置,因为它的部件经常过载。

我很清楚地记得,我们是如何度过日日夜夜的,我妻子和大儿子很清楚,哪个机组停产了,在图西米啟(Tušimicé)发生了什么事,哪里不在计划中,延长了修理时间,或者是出了事故。没有永远不出事故的机器,也没有完美无缺的机器。但是社会正是需要可靠的供电,没有拉电闸,没有由于变换工作班次而使事情复杂化,或者甚至于造成家里黑暗及寒冷。因此我必须对厂长很强硬,有时也许不很对,但是压力带来结果,有一些大修时间缩短了,有些工程师带来了原创的想法,怎样让机器早日运行,或者除掉障碍。有一次我真的神经质了:在城堡对西班牙大厅(Špasnělskýsál)进行了维修,进行第一次招待会,人群黑压压的,所有的大使都来了,突然灯都熄灭了,一片黑暗。我妻子恐惧地从窗口看出去,一字不差的叫嚷起来:"这不是我们的!"外面正常的很亮,很清楚问题可能是出在内务部的保卫人员。当我在那里直接遇到总理的时候,他跟我说:"我晓得这不是你的责任,但是老爷子(指胡萨克总书记)高兴熄灭了。"

建设发电厂不是两年就可以完工的。此外我们的建筑行业和制造工厂很少能保证工期。如此这样,政府就要出面,硬性地分析拖后的原因并用命令加强有关的力量，但很少奏效。我们只有单独的国营经济，在他上面站着国家。我们也可以多算一点成绩，但我们要承担一切的危险。遗憾的是，大的障碍是政治上的老框框。能源的价格是由国家制定的，但建电站的费用是很高的，而且不断增加。对于这些问题我们讨论过一百次，对中央委员会主席团来说是红色的抹布，然后自然大家都讲要节约以及合理地消费，但这都解决不了的问题。当电视机的屏幕上出现电灯泡图形，并且写着标语："有的地方在多余的亮着吗？"我们只能这样对问题的本质做简单化，甚至于对本质不了解而叹一口气。同样，这样整个的计划指令的做法不能动员企业做到节约，恰恰相反！谁做到真正的节约了？很少，因为从来没有见到这样粗糙的加工。我们想出了各种各样的指标和定额，但是我们摸不到本质的东西：社会主义计划的教条主义原则，在苏联是 30 年代某个时候制造出来的，曾经是十分神圣的。而改革的话甚至于悄悄地在私下也不能讲。这同样也适用于部长们，虽然 L. 什特劳加尔多次尝试，并在我们的支持下，在最高的政治领导层中，建议实行某些合理的体制改革，每次总是被挡回来，搞不成功。

还有，我们有 1973 年第一次石油危机的经验和教训，还有整个经济对动力工业有很高的要求——从冶金工业，机械工业，建筑材料的生产，化工以及要求更好更舒适的居住条件——所有这些促使我们，不但要逐渐开始深思，而且要综合地分析整个问题。这样产生了新的名词"燃料—能源整体联合"，这不是玩弄文字游戏。迄今多年的实际情况是单纯地划分很细的部门：单纯煤炭、单纯燃气，发电也是这样。根据这些产生了各个中心机构、专门分配拨款、建筑能力以及所有可能的种种。现在政府十分明白，只有完全紧密连接整个动力工业的各个方面，才能打开实行战略解决的道路，才能使我们整个共和国立于稳固可靠之地。

只有这样，我们才能够产生了新的、现代化的能力，这样我们从根本上不但改变了用户的需要，主要还形成了新的动力工业支柱：如棉尔尼克

第十三章　燃料及能源部部长 V. 埃伦培尔格的回忆

（Mělník）、杰特玛罗维策（Dětmarovice）、波杰拉德（Počerady）、赫法雷蒂策（Chvaletice）等电站。我们还进行了到那时候为止属于首次采用的隐蔽的贸易行为，我们向波兰出口了整个图西米策 II（Tušimice II）发电站，共计五台 21 万千瓦机组，得到了很大的外贸出超。褐煤那时是我们主要的电能源基础，其采掘量提高了几倍，为此，我们需要采用完全新颖的采煤工艺。那时在捷克北地区，还是采用深井挖煤，这样我们就达不到几亿吨的煤产量。逐渐地，维特科维采（Vitkovice）、乌尼措夫斯基（Unicovský）机械制造厂等工厂成功地开始生产更大和更高效率的挖土机和自动采掘机。这里不能忘记约瑟夫·贺依达尔（Josef Hojdar）教授的贡献，他构思设计了如此巨大、可以操控的机器。当然，燃烧含硫量很高的北捷褐煤，带来了很大的空气污染。我们看到了这个问题，但那时还没有能够掌握较好的脱硫技术，直到 80 年代，诞生了解决方案，在 1989 年以后得到了实现。

还有一点说明：褐煤藏在较浅的土层下，经常是在已经建房的居民区、公路以及河流之下。我们开始改变田野，有时迁走整个社区，其中最著名的是摩斯特（Most）。有时要整个把一个新的、在当时是相当完善的、拥有许多第一流住宅的城镇拆除。我今天想看一看，有谁会自愿地迁移到摩斯特的老公寓去。

建造了水力发电站：达莱西策（Dalešice）、利帕多夫的玛拉（Liptovská Mara）发电站。

这样，我们的电力生产的来源增加了。我们开始建造雅思罗夫斯基的博胡尼采（Jaslovská Bohunice）核电站，我国步入全世界不多的、能够运作核能发电的国家行列。

核电站，在今日全世界已有数百座，的确是我们人类走向未来的重大的一步，当然，苏联人曾经帮助过我们，但是他们自己也存在问题。在这里，正是什特劳加尔总理起了重大作用，他和当时的苏联部长会议主席柯西金的极好的关系，为我们得到苏联的科学和工程尖端敞开了大门，这样，我们也密切了和苏联中型机械工业部部长叶菲姆·巴夫罗维奇·斯拉夫斯基（Jetim Pavlovič Slavský）的关系，中型机械工业部曾是武器工业部的假名。斯拉夫斯基和萨哈罗夫（苏联第一枚氢弹的创始者）一起，都对核能十分熟悉，他们在许多问题上给我们以咨询。

在这转折的局势下，大量的投资也显示了其效果：我们需要学习许多东西，但是同时也是对我们的工业的巨大的冲击，真刀真枪的新的、丰富的程序，技术和工程方面的跃进。比尔森（Plzen）的斯柯达工厂最终掌握了生产核反应堆容器，在世界上有多少工厂能够做到？西格玛（Sigma）工厂制造了独一无二的泵，这种泵在核电站中的关键地位，就好比心脏在人身上的作用，他们做到了！很遗憾，今日这些地位完全丧失了。两个企业的激烈私有化以后，不堪回首再看看当年的绝无仅有的技术！核电站需要全新的工程及技术的新一代，这个任务也由我们的学校完成了。这样我们逐步地有了杜柯万内（Dukovany）、特梅林（Temelín）及墨赫符策（Mochovce）核电站。我不想详细展开讲，所有事情如何地复杂，建电站花去了数百亿，但是多少辆列车的燃煤节省下来了。

今天又在重新进行讨论，核电站有没有什么前途——我在这里只想提醒一下，还是在 1981 年，我向政府递交了决议草案：关于特别着重地评估核电站地区的地震及地理情况的重要性。

我平心静气的承认：完全改造捷克斯洛伐克能源工业及赋予它完全新的面貌，花费了非常多的钱，在我任期，投资了 6500 亿的那时的克朗，折合今天的币值，大约要高十倍。这曾经是我的副部长拉蒂斯科夫·布拉柴克（Ladislav Blažak）的巨大工作。结果呢？现代化的系统和 70 年代时期我们的工业相比起来，在可靠性和供电量方面是天差地别的。十分清楚的是，我的一些同事曾经看着这些投资而牙齿吱吱作响，也不能怪他们，每一个人都需要钱，就是政府总理也经常叮嘱我："你，部长，完全明白吗？

第十三章　燃料及能源部部长 V.埃伦培尔格的回忆

我们交给你这么多的钱！对于你来说什么是大量的钱？"我回答说："我的妻子在家里常常为一千块钱争吵"。他只是挥挥手，他看到了，除了其他，我们学会了用现代化的管理方法来严格审核每一项目的效率。如果今天我们的公共开支也经过像我们那时那么严格的审核，那我们早就能够继续往前走了。还有，在我们的工地上有什么东西被偷窃吗？仅仅是水泥袋或者钳子。那时没有任何的中介费，也没有任何的照顾。

下面讲讲煤气。很多人大概还记得：在每座大城市里都建造了煤气公司，而煤气每年都要夺去几十个生命。然后就产生了利用苏联的巨大气田，建造了输气网，在我国实际上建立了全新的能源工业分支：利用天然气，不仅供家用，还运输燃气到西欧，我们通过气道收费，这些对我们的建筑行业和机械制造业也带来了冲击和推动，帕尔杜比策（Pardubice）燃气建筑公司成为自己行业中的世界尖端企业；而在ČKD，生产出了极好的压缩机；我们曾经建造了十分可靠的装置，用来出口空前数量的苏联燃气到西欧。这也使我们有了这样一条通道，今日全球最大的跨国公司也在渴望得到这条重要通道：我们开始投资并直接装备苏联的奥兰堡（Orenburg）气田和世界上最大的苏联雅姆堡（Jamburg）气田。

在1989年，过境输气管道装置的运转利润达到100亿，而在2000年，仅捷克部分就有利润180亿，然后 M.泽曼（M. Zeman）内阁决定了用相对较低的价格进行了私有化（卖给德国的 RWE 公司），当时这个输气公司在账户上有180亿。为什么没有计算土地的价格？为什么要进行这次私有化？这次操作得来的钱早已被用掉了，而新的老板早已赚了比给我们多得多的钱。而这还没有计算那些巨大的地下燃气库，都是我们以前建造的，具有很重要的战略意义。

使用地下燃气的历史是捷克斯洛伐克政府有光辉前景的考虑和决定，但也是令人痛心的精神病的证明，到今天还环绕在我的周围：现在的国家是很不好的经营家！我们是哪一个国家？仅仅只有这样的国家，把北捷克的煤矿私有化了，以很少的价格，只相当于当年政府用在开垦熟荒地所支出的钱。还有类似的奥斯特拉发（Ostrava）地区：冒险地将自己的钱转账，就白白地不花钱成为新的老板，然后他转身就以数十亿的价格出售。这已经不用说40000套住宅，现在的房客还需要再付房款，因为住宅的主人已经从国家变为新的煤矿老板。

现在我想来讲讲热电站。我们曾经和丹麦有极好的合作，并且开始建造在技术上和在经济上十分有利的热源。今日在住宅里自然都有采暖，或者是用燃气，或者是远程供暖，如果我们想象一下，我们还是用以前的炉子取暖，那整个共和国可能有几十万，乃至几百个冒烟的炉子，那再来改造几乎等于一场小革命。不久前，我被邀去特墨林（Temelín）核电站，他们给我出示了虔诚保管的文件：关于建造四个反应堆和远程供暖的政府决定，这已经是30年以前的决定了。

当我们计算一下"什特劳加尔"时代，我们看到：采煤量增加223％，其中黑煤161％，褐煤345％，各种类型电站的发电量增加：1970年451亿千瓦小时，1988年846亿千瓦小时！而现在有的报纸上说：衰退、毁坏、落后。

这个时代的结束不是很美好。1987年年末前，胡萨克解职，很明显，卢博日（我们背后都这么称呼他的名字）不能够，而且他也不打算继续留在政府总理的职位上。以雅凯什（Jakeš）为首的新领导层甚至很欢迎这样的局面，最终他们将实行自己的政策。但是他们没有纲领，他们也不想知道在苏联发生了什么，我们家里又怎么样，他们以为他们胜利了，这对他们已经够了。新的联邦政府内阁总理阿达美茨（Adamec）没有考虑我们这些老干部，他需要新的脸孔，对于专业程度他没有太多的兴趣。我虽然仍是中央委员，但是据传闻，然后从一位新的书记[①]那里知道，我是"自由

---

① Fr. 哈努斯 Hanus。——原编者注

第十三章　燃料及能源部部长 V. 埃伦培尔格的回忆

职业"了。当我对这种"深思熟虑的干部政策"高声地说了有些尖锐的话以后，雅凯什请我去。他十分冷淡地向我提议，让我可以选一个企业当总经理。的确是政治家的水平！

最后我去当了驻匈牙利大使。当时在布拉格，比拉克及其他人继续在做自己的"重建和民主化。"最后结果如何，大家都知道了。1990 年春天，我回到布拉格，开始了我的生活中完全不同的一页。

这可能会在另一本书中展现。

第十四章

农业部部长米罗斯拉夫·托曼的回忆

米罗斯拉夫·托曼（Miroslav Toman）简介

米罗斯拉夫·托曼（Miroslav Toman），农业工程师，曾在几个农业企业担任各个层次的管理职务。1981—1983 年任捷克政府农业部部长，1983—1988 年任联邦政府内阁部长，1988 年直到 1990 年任捷克政府内阁副总理。现在是农业贸易公司（Agrotrade）总裁。

作为序言，我想起了一个情况，这个情况虽然不直接和我在农业部时候的工作有关，但对于了解 L. 什特劳加尔任农业部部长的那个时期的问题有重要的关系。什特劳加尔在他的回忆录中写道：1959 年，捷克斯洛伐克的农业还没有达到其战前的水平。不应该忘记：第二次世界大战及战后的迁移三百万德国人回去，给捷克以及部分的斯洛伐克的农村造成了人人皆知的创伤。数十万公顷的土地被荒置，各种各样的"金色的嘻嘻哈哈分子"不仅偷走了屋内的设备，而且还偷走了农业经营方面的大量机器和辅助材料，他们排着队通过了斯洛伐克。后来经过五六十年代的集体化，到 1970 年，整个农业才算恢复和巩固下来（以毛生产总值来计算）。

在 1963 年，我作为农业高等学校的毕业生，被派往丹麦实习半年。这也是什特劳加尔任农业部部长之后的新措施之一：派专业人员和大学生到

第十四章　农业部部长米罗斯拉夫·托曼的回忆

发达国家实习、求经验，包括到加拿大和美国。我那时以农场实习工人的身份进行工作，这样我逐渐获得了在经营上的各种方法和新趋势。很快我就懂得了：走向农业现代化的途径不能只是通过死死的苦干和所谓的"已经考验过的措施"，而是首先通过科学和试验、新的技术和组织。后来我曾经几次回到丹麦，我对获得的知识永远都没有忘记。

在我被任命为什特劳加尔内阁的农业部部长之前，当然，我经历了丰富的生产实践，包括所有的农业生产管理层：技术员、生产主任、总工程师，稍晚我担任在克罗缅日茨（Kroměříž）的地区农业管理局局长，熟悉了国家计划委员会的工作，然后我又担任了联邦农业部的最大的一个局的局长，开始经常仔细观察科学和技术的先进趋势和他们在这最古老的经济领域中的实际应用和这种发展趋势将会带来的变化。

从我担任新职务（捷克斯洛伐克共和国农业部部长）的第一天，（1981年6月13日）开始，我就很清楚，在捷克斯洛伐克面临着新的情况：不仅仅基本食品远远不足，叫什么"为粮食而斗争"，今天看来是荒谬的夸大的说法。当时面临着还应该有高质量的食品的繁荣市场及可靠的技术作物的生产，还有谨慎节约的使用土地，经常和更多的保护森林和水源，仔细和充分计划好去发展各个地区。完善对农村的社会经济改造是一项重大的任务，要降低劳动的体力强度，要形成可以和城市相比拟的生活条件，在很多方面比城市还好一些。

我曾经常从国民经济的宏观角度来对待农业，我感兴趣的不仅是收获的产量和肉类的生产，同样还有成本参数，生产的真正价格，工资和投资的回收。

我的情况曾经是很好的，也有不好的。我和政府总理一起工作，他对农业知道不少，我感受到好的合作社主席和国营农场厂长们的支持，我看见了他们很想办成真正的农业企业，在农业部有许多出色的专业工作者，在各个农业研究所和农业服务部门有整套的技术专家班子。但是我们也感受到有障碍，那就是在工作人员的管理习气上，还有在从中央到各州的某些党的书记的实际活动中，和他们的关系常常是独一无二的，很多人一直还认为自己的工作是和饥饿作斗争，他们考虑召集开会就是工作的目的，夹杂着关于人民营养和食品的没完没了的空话，以及关于大田耕作步骤的示意图表等等。他们认为改变这种状态是错误的，我们深受其害。

遗憾的是，一直是传统的、相当根深蒂固的对农民的看法：认为他们是受教育少的、保守的、不能独立的、需要不间断地照料等等。

在这里，请允许我略为插几句：在管理上和党的机构方面还是有些改变。例如：对我有很大和很重要的支持有弗朗基舍克·比特拉（František Pitra），他是负责农业的书记 M. 雅凯什（M. Jakes）的部下，和他讨论工作不会有什么问题。但是在大部分情况下，就要复杂一些。我可能有点夸大，当我想起来，当某一个州提前完成了收割计划，我就会感到胜利的自豪，至于成本，质量指标以及产品的进一步利用等等，就不曾是那么重要了。

到 1983 年，我们就处于完全新的情况了。我们的目标是农业达到欧洲的水平，从根本上改善对市场的供应，扎实地看一看：所有的东西价格是多少，在钱的方面怎么来经营，什么样的机构和社会上的障碍对我们的努力起着煞车作用。

基本道路是通过现代化的工艺：选择良种，生物工程，经济牲畜的新品种和新种族。我们开始建造专业的育种场、良种场、饮料基地、兽医和其他工作站，指标都要是世界级的水平，我们决定了要绝对排除牛的结核病和布鲁氏菌病，经济牲畜的利用率必须逐渐达到欧洲水平，粮食产量要提高 50% 以上。但是我看到了，有些质量指标靠我们自己永远难以达到。因此我敞开了从全世界购买新的更为有效的新良种、新品种和质量更好的农业化学的专利。

但是道路不是很简单。国民经济的快速现代化——这里包括农业——

第十四章　农业部部长米罗斯拉夫·托曼的回忆

受到了自由兑换的外汇的限制。进口尖端技术和某些入超已经被允许实现，但数额十分有限。我们那时生存在分裂的世界上，在东西方之间的国际贸易和国际劳动分工方面存在障碍，但这种障碍，我们在一定程度上予以克服了。农业生产合作社被动员可以形成出口基金，出口到发达资本主义国家的市场，部分获得的自由兑换货币可以用来进口发展所需要的良种、种畜、种禽以及机器。这个办法在实践中曾经十分成功，带来了许多农业企业经营效率的提高。

这样，我们如果和今天来比较，保持了高质量的最终产品，如肉类。你们可以比较一下今天的哥特式香肠（gothajský salám），那时只要几个克朗，而且不含添加剂、色素、防腐剂……等等。完全不能想象今天我们要进口注射了水的鸡肉！同样，对于奶制品，酸奶是真正从牛奶调制的，奶酪也是这样，完全没有用人工固化脂肪来做的。我们当时开始利用国外的专利来生产高质量的食品。

在农业技术方面也是如此，广阔的大片土地使得有可能使用进口的或用专利生产的高质量的农业机械。差距是很大的：是在土地上用高压力的压机来捆绑秸秆，还是用传统的机械来进行收割。

这样，农民改变为具有新的专业知识的农业工作者。各种专业的大学生都来增强农业，每一个农业技术员都至少是高中和中专毕业生。

关于我们的农业，过去和现在一直笼罩着许多的幻觉，例如：农业的成本较高，在国际上属于比较昂贵的水平。我们可以回过头来看看那时候的农村：谁来清理冰雪？谁来出清污水池？谁来帮助建设商店、文化宫及健康中心？是"合作社"还是国营农场？这些支出，常常要几十万，自然要进入农业企业的账上。同样，还有自然灾害、洪水、火灾、大风雪对森林的灾害……只有农业工作者有技术来对付它们。我不想肯定，各农业企业有没有积蓄，但是他们的经营常常是需要一个铜板、一个铜板地算计。

在此，我们还可以看到其他方面的变化：农民的生活水平提高了，不断有更多的合作社和国营农场繁荣起来，已经不需要国家再给予救济金。随着工资的提高，农民可以考虑自身生活的新质量，开始建筑设施很好的家庭住宅，牲口棚消失了，代之以汽车车库，自然少不了浴室、自来水和下水道。今天看来，这些是微不足道，但是这样的捷克农村的社会、教育和文化上的变化在历史上是从未有过的。工资增加了，同时带来了各种自然而来的乐趣，合作社有了拖拉机，邻居帮忙用手艺盖起了房子，新的学校，体育场所，电影院……人们看到，他们的生活在眼前发生了多大的变化。我想他们对这些变化是十分珍视的。然而在1989年之后，解散合作社化了很大的力气，不少人拿回了土地，只是为了转过身来就卖掉。

合作社在有了一些较大的决定权和经营自由之后，合作社本身的经营也曾经有了发展。应该还可以发展更多一些，集体化的生产开始往自己本身的农村的外面发展，收割、分装各种蔬菜，自己去销售、修理汽车，甚至经营餐馆和酒店，某些地方还成功地搞农业化学，给普通市场生产工具以及经营许多能赚钱的活动。人们经常记得斯卢索维采（Slušovice），他们最大限度地利用了所有可能的合作手段，包括对外贸易，生产计算机和前所未有的繁荣的零售业务。在每一个州曾经至少有一个这样的合作社，当然不一定是这么的有名。我记得有在斯维塔瓦（Svitava）州的下乌叶时达统一农业合作社（JZD Dolní Újezd）、南摩拉维亚州的劳动统一农业合作社（JZD Práce）、捷克天堂统一农业合作社（JZD Český Ráj），还可以举出几十个这样的统一农业合作社。他们很快寻找到了国内市场的空当，他们不但会生产，而且很会赚钱，常常还赚到外汇，就这样加强了本身的经济实力，成为大工业的竞争对手。不能忘记的是，在土地上的经营总是有风险的，至少要受到气候的影响，还有国际市场波动的影响，因而从企业其他来源的收入就成为重要的稳定因素，对于发展计划的投资也是重要的来源。

第十四章　农业部部长米罗斯拉夫·托曼的回忆

在食品工业中，也有了类似的不少变化。已经不是把追求数量作为唯一的目的。捷克斯洛伐克的消费者们知道邻近的西方国家的市场消息，不断地为更激烈的要求质量保证以及在晚间和节假日的食品供应，并且要求有丰富的品种。因此，面包房、奶品工厂、肉铺、腌肉工厂以及饮料制造厂和甜品工厂都需要完全改变他们对市场的观点和看法，新品种、地区的特产、新的附加值较高的产品目录等等，不能只是作为宣传性的灰色的品种。我们支持这样的变化，还引进专利来加以促进，如引进了"可乐"饮料和某些冰淇淋产品，各种糕点及奶酪，成为一般商店的经常性供应食品。每一年都有几百种新产品进入市场。同时，那时的捷克斯洛伐克的农业产品出口曾经是拔尖的质量，在某些产品方面，我们不仅在数量上还是在价格上都属于出色的出口大户。一些世界上的啤酒制造公司用这样的事实来支持自己的啤酒广告：我们的啤酒生产采用了捷克的啤酒原料——大麦芽和啤酒花。

遗憾的是我们没有时间来完成这些变化，然而我们已经证实，如果我们继续走下去，那么已经在90年代初，捷克斯洛伐克的食品市场已经可以和欧洲发达国家的同类市场并驾齐驱。

现在讲一点全球的关系：在1989年11月以后，我国的经济完全自由化，也导致了我们的政治家们拒绝了在基本食物方面的合理的自给自足程度。现在，在过了20多年以后，我们又听到了关于"食品的安全"，这实际在本质上是一样的（"食品的安全"这个概念不少情况下还用在其他的场合）。在今天的世界上，虽然我们没有冷战，但是我们看到了波动很厉害的农业市场，新的关于如何满足食品需求的问题以及在发展中国家广大地区的持续的饥饿问题，这些问题在不断增长。食品仍然是战略性的商品。

再回到我的回忆，我不会没完没了的抱怨，但是有一个问题我想提一下。在整个社会主义农业时期，那些能动性和主动性受到打击，指标、规范和标准都是束缚性的，整个计划实践的出发点是准确规定要生产多少食品，还有最详细的规定用什么途径来达到计划的产量，没有降低成本或者更好地和更多地生产。想象一下，我们能够给群众以计划，他们应该吃什么，最后甚至于为了和国际竞争，我们的肉和肉类制品的消费量是非常大的，几乎是欧洲最大的。但是，我们缺少了高质量的和多种多样的蔬菜供应，缺少了热带和亚热带水果以及各种病号食品和低卡路食品。事实上不可能对所有的都实行计划，世界上食品的品种每天都在扩展，不断有新品种及其变种、改进种等等。但不管怎样，我们在使企业的活动空间更为自由些的各种斗争取得了胜利，中央集权经济的基本原则仍然继续有效，但是占统治地位的还是普遍的恐惧，不知什么时候会怎么样？政治和他的不可触及的基本点和和我们的能力及主动性编织在一起。在农业方面可以看到更多这方面的东西，因为在农业领域来了许多受过教育的、高专业技术的年轻人，他们已经不愿意听到关于战后物资缺乏的回忆以及商店前排成长队那些过去的事。这种气氛由于以下的事实而变得更为荒谬：在其他的社会主义国家——民主德国也不例外，靠借债来生活，他们的农业计划完成得很不好，大概除了匈牙利之外，都不能够用自己的力量供应给居民以现代化的食品。我们曾经有过的榜样，实际上是来自西方，而这些有时候也遭到拒绝而不能采取合理的解决方案。我们都是在等待，捷共领导层怎么看待各种经营体制自由化的方案，我们总是在等什特劳加尔总理从主席团会议回来，他经常是一句简单的话："小伙子们，又是把它（方案）退回给我了……"

假定我们能够（我承认这个是不能够采用的）曾经有更多的时间，我们可以进行改革，那我们也许可以达到不仅在基本食品上完全自给——这个基本上我们已经达到了——我们的农业还可以在世界标准上做到很高的竞争能力。我们在80年代下半叶想过什么呢？关于农业银行，建立专业化的贸易组织包括对外贸易，关于农业保险公司，关于开展食品商店的基本

第十四章　农业部部长米罗斯拉夫·托曼的回忆

连锁网络，关于产品标准的新方法以及许多其他的……不仅是想过，这些改革的大部分都已经详细成文，进行了分析，在原则上已经准备好了。

关于这方面的回忆，我不能不对1989年11月以后的时期说几句话。

1989年11月以后，捷克农业的根本性变化不仅对农村，其结果也对整个民族带来新的、不愉快的复杂形势。在私有化过程中，大部分最著名的企业落入了国外老板之手，大多数是跨国集团。从国内及国际市场丢失了已有的、许多是十分有名的品牌，废除了国家标准，丧失了多年培育起来在国际市场上的地位，丢掉了在以前建立起来的贸易关系。捷克农业和食品工业最光荣的出口商品，他们代表了传统的国内企业的形象，这些国内企业以大大低于实际的价格转到了国外企业的手里。许多有发展前途的大型合作社归还原主、关门和拆卸，国营农场停业和消失，住房组织突然负债及倒闭等等。来了新的主人，在专业上经常是没有经验的。一些法律停止执行了，例如保护耕地的法律。

由于我们要逐步进入欧盟，我们签订了农业方面的协议，带来了对国内市场保护的进一步的减少，有许多的限制和限额，不允许我们超越。突然一下子出现了连锁的贸易链，而且是永久性的，不考虑实际情况。捷克农民成为完全不平等的伙伴，结果是什么？直到今天，我们还是被歧视，直到今天，奥地利或者法国的农民得到更多的欧盟补助，更多的支持，更多的参与"统一市场"，这个市场已经没有国界，没有关税和数量的限制。还有，我们现在只有原来一半的饲养猪量，牛群的数量显著的减少，悲惨地减少了奶牛群，马铃薯的生产也减少了，数千公顷的水果种植园被砍掉，还将继续砍。停止了花园的运营，限制了啤酒花的种植，以前曾经很成功出口的许多种类的蔬菜、水果、花卉及其他农业和食品工业产品，其中许多是传统的基本的农产品，现在反过来要进口了。遗憾的是整个农村向坏的方面改变了——许多商店和饭馆永远关门了，文化宫空着，不少被抢光，最近的也要以公里计，甚至数十公里，邮局、学校、幼儿园、警察局消失了，还有公共交通也没有了。我们曾经有过最密集的公共汽车交通网，用以联系乡村和城市，今天没有例外，到乡村已经没有公交车了。

在数百乃至上千公顷的优质土地上建造起吓人的卫星或者光伏电站，国有森林成为商业争吵的话题。

我们在此还不断听到在世界上有存在食品不足，听到可怕的饥饿危机。我自己已经过了70岁，我想应该在这些上面挥动我的手，特别当我的儿子们正好在农业和食品工业从事企业经营。

作为结束语，我想举出我自己终生乐观的信念："永远不会一切都毫无希望了，我认为，在历史上我们发达社会的良好基础上，捷克的农业及食品工业能够重新回到欧洲水平。"为此，我祝愿所有的农业工作者用勇气、幸运和智慧在发展中更上台阶，也祝愿国家和部门的"蓝色领导的'手'交好运"！[①]

[①] 蓝色领导指当前捷克共和国的主要执政党之一的"公民论坛党"，这个党以蓝色作为党的宣传标记。——译者注

第十五章
副教授弗朗基舍克·楚巴的回忆

弗朗基舍克·楚巴（František Čuba）副教授简介

他毕业于布拉格农业大学经济系。曾经担任过斯卢索维采统一农业合作社主席，后来成为斯卢索维采农业综合企业的总经理，建设了现代化的农业企业，该企业具有模范的管理系统，此系统的特点是充分调动人的主动性和发挥其能力。他是建立捷克斯洛伐克现代农业企业的创始人，他专业兴趣的终身领域是发展人的主动性。

我对卢博米尔·什特劳加尔博士的第一个美妙的回忆是，在他作农业部部长时，他授予我的父亲劳动勋章的时候。

在 L. 什特劳加尔担任捷克斯洛伐克政府总理时，他没有访问过斯卢索维采（Slušovice），我也没有和他见过面。然而 L. 什特劳加尔为斯卢索维采灌输了许多自己的心血。他时常给我们信件，说 G. 胡萨克总统对我们的农业综合企业给予了关注，为此总理就让报纸登载关于斯卢索维采的消息。在这样的精确的追踪之后，总理要求我们说明，从哪里我们为各种发展计划获得金钱和谁站在后面。每一次我们声明政府没有把钱给斯卢索维采，都激怒了总统先生。不仅是他，还有很多政治家和普通人民都相信斯卢索维采企业的存在完全依靠国家大量给钱。

然而实际情况是这样的：我们从来没有从国家拿过任何的钱。

在过去的年代，斯卢索维采农业综合企业的产量和利润每年都提高 30% 以上。这样的增长我们预付在以后的年代也可以达到。这样发展的条件不仅我们有，在捷克的其他企业也有。

这些条件由两个主要的因素造成：

（1）按照法律的各种措施，以及各种经营及政治的方针；

（2）政治机构的立场和观点。

按照法律的各种措施及政治方针给予所有的捷克斯洛伐克企业以很大的运营空间，但是很多企业没有利用这个空间。

我举出两个例子：

1. 根据捷克斯洛伐克的法律，每一个捷克斯洛伐克企业都可以在国内外进行企业活动并形成外汇来源。斯卢索维采农业综合企业把这些法律措施充分地利用了，首先是用这些方法：

——斯卢索维采农业综合企业每年和 10—16 个国外企业签订了各种各样的合作协议。例如多年来，向奥地利和意大利出口了数以千计的奶牛和菜牛，获得的外汇资金则完全用来进口良种和化学药品。

——斯卢索维采在外汇调节方面获得例外允许，为此目的成立了自己的公司：斯卢索维采－布拉迪斯拉发出口公司。

——除了这个之外，斯卢索维采农业企业还利用许多其他形式来获得外汇资金。

这样，斯卢维采实现了数千亿克朗的进口和出口。

许多捷克斯洛伐克的企业抱怨说他们不能进行对外贸易，因为他们没有完成国家计划的任务，斯卢索维采农业综合企业在完成国家计划方面没有困难。国家还给我们定了比计划高一些的交售任务。我们在完成交售的任务之后，出口了或者卖给其他的兄弟农业企业。

从这里可以得出，企业有用另外的方式进行经营的空间，在发挥上没

第十五章　副教授弗朗基舍克·楚巴的回忆

有人会来禁止你。然而，不是每一个企业都有考虑和有兴趣用另外的经营方式，斯卢索维采有考虑，也有兴趣。

2. 政治机构和国家机关号召各企业的领导人，要他们不要害怕发展和不要怕现代化。所有企业都有可能实行专业化。农民们也不断呼吁实行专业化。州的农业管理局（OZS）最初大力提倡优先考虑专业化，然而，后来又不允许改变产品的结构。

在兹林（Zlín）的州农业管理局每天都检查，在斯卢索维采有哪些专业化还没有准备好，如果发现，由管理局任命的小组就来进行干预。然而我们已经决定了，我们将专业饲养肉牛，因此停止了奶牛的饲养。出售200头奶牛事前已经和在图尔羌斯基·泰伯利策（Turčiansky Teplice）的斯洛伐克国营农场谈妥，实际的出售包括运出奶牛，在从周六到周日的一夜间就完成。

到星期一早晨，农业管理局得到消息，知道发生了什么事情，为了不丢失面子，管理局发出了出售奶牛的补充文件。从这个例子可见，用非传统的方式进行企业活动不是必定会遭到找碴挑眼。

按照法律的措施有时候会受到政治机构立场（态度）的限制。但是，这种立场不是严厉的。谁想迎合不先进的主人，可以选择这样的原则："什么也不改变"。举一个例子：一个从高层来的政治家在参观一个新建的巨大的玻璃暖房之后问道："谁允许你们这个了"？当时斯卢索维采的人静默无语，他有点失望地继续问："那么什特劳加尔允许你们了？"还是没有一个人回答，政治家自己接着对自己说："大概你们会被通过。"

政治机构的立场对企业的活动自然会有强大的影响，这个影响可以是进步的，也可以是落后的。为了他们的影响是正面的，我们综合企业努力在每一个打算和意图上，向所有的政治家作详细的解释。因此斯卢索维采农业企业，还有一些其他企业，从没有抱怨过，现在也不抱怨政治上的限制。

在 70 年代末期，产生了将最新的科学知识和新技术直接推广到生产线的新条件。我们在那个时候，实施了液体肥料的生产本身及其应用系统，推广了完全新的生产玉米粒的系统，水栽生产蔬菜，将土豆制成最终产品，还有其他一些独一无二的农业产品，这些生产不仅为了国内的食品市场，也对其他企业合作社和企业进行技术服务。

我开始生产机器：准备耕地用的机器、深耕耙松的机器、输送农业机械的车架、用以收割玉米秸秆的辅机等等。

我们对家畜生产进行了现代化，我们有了新的喂饲高效奶牛的系统，掌握了移植早期胚胎，我们发展了和采用了在肉牛喂饲中使用生长激素，缩短了猪崽的饲养期，猪崽的早期断奶，缩短供烧烤用的小鸡的喂养期，改良骨粉，在饮料物中使用膨润土及许多其他等等。我们开始对外提供轻型的农业建筑及实验室。

随着我们自己合乎逻辑的发展需要以及国内供货不足，我们开始自己单独生产微型计算机 TNS。

这些快速发展提出了非常高的对专业人才的要求。个别人和热心爱好者小组都不能掌握如此大规模的任务。在实现新的企业计划，必须要争取或"迫使"几乎所有人都来参与。

我们这样来解决：领导不从事各个单独的任务项目，而是形成一个企业系统，这个系统建立在利用各种积极因素的基础上，这些因素给予或促进每一个工作人员的积极性。企业建立在这样的结构上，对每一个工作人员都有他自己的经营活动的微空间。为了完成任务，每一个工作人都被给予完整的综合的服务和产品，为了弹性的改变服务及产品，我们有一个综合的记账系统，此系统的实现靠一个企业内部的银行。

有谁需要从另外的工作或组织单位得到合作（服务或者产品），他必须为此支付内部银行的支票。每一个人立即知道，"自己"的资金付出了多少及是不是得到了相应的价值，他有非常明确的概念：他的企业微空间

第十五章 副教授弗朗基舍克·楚巴的回忆

值多少钱,自己收入还剩下多少。发行支票的企业内部银行对每一个单位的耗费和收益有非常清楚的概貌,而且可以提供给每一位主任以客观的信息:经济情况怎么样和怎么在发展。"所有都需要费用,没有不要钱的"的原则不必要重复,在全部员工的每天工作中都遵照这条原则。

与这条原则在组织上相关的是栽培了新的劳动文化。

在斯卢索维采农业综合企业中,强烈地增长发展着与工作集体的类似血缘般的关系,大部分社员都以在有国际声望的企业中工作而感到骄傲,以"其他企业没有而我们有"而觉得自傲,以"比其他企业多一些"而引以为荣。这些多是由于我们在国内市场的活动业绩,由于在那时的市场上能够进口消费品,由于支持体育和大型文化活动。但是,当然是从小的地方做起,从对工作场所整洁的最高要求,一直到企业的设计,所有这一切我们当地群众都逐渐掌握,并成为习惯自然。

当1989年来临,我们是对进入自由化的市场的到来,存在着最少准备的个别单位之一,在竞赛(即使以国际的标准来衡量)中,我们会很快赶上去。政治上的限制结束了,没完没了的审查和使你名誉扫地的事情也没有了。然而出于我们意料,我们感到惊奇的是,取代发展良机,对我们来到了有点儿"报复"的时刻。为了啥?现在已经没有人能够准确作出回答。我认为,我们唯一的错误是在80年代取得了成绩。我们的成绩曾经是证据,证明在过去那个时代也可以取得很多的高质量,并且井井有条,即使存在着许多空想出来的对活动的指导,还可以取得经营活动的重大成就,即使存在着严格的国际竞争,现在来说完全是资本主义的竞争之下。

经济改革的各种基石,例如企业的独立自主、价格的自由开放、货币的自由兑换可能性、自由奖励员工、国际贸易自由化等等,所有这些对我们都完全合适。但是,我们实际上没有能力来面对政治压力,还有针对我们存在的粗暴的攻击。从社会上涌来了呼声:解散所有的,一切回到1948年以前!其次:在11月以前有成绩的人滚开!最后,不知是谁想出来,让当时的总统 V. 哈维尔（他对农业和经营完全不熟悉）出来讲："极端黑暗的斯卢索维采这条线"，事实上成为消灭我们企业的官方权威评语。

开始了几十种指责、侦查、到法院去扯皮，总之我们成为了典型的案件，所有的都要花很多的钱、精力和健康，最后所有的记录、起诉书及抨击文章、诋毁书都进了档案，找不到一点可以反对我们的东西。但是最重要的是："民主的国家"成功地结束了斯卢索维采农业联合企业。

和国家打仗没有一个人曾经赢过，也不可能赢。过了这么多年，我自己安下心来了，我们站到了新的小农场为基础的私有思想意识的道路上，那也行。每个人今天都看到捷克的农业现在是什么样的状态，必须承认，这个新思想就是给我们共和国带来了肉类、蔬菜、水果和许多其他产品都得依靠进口。农业产品的国际贸易是严重的入超赤字，农村变得荒无人烟，耕地每天在消失，对农业生产的兴趣大大降低。

发生的这些都是和我们曾经努力过的恰恰相反，也是和 L. 什特劳加尔努力过的相反，他曾经努力用各种形式帮助过我们。

捷克出版社编者按：当我们对楚巴副教授的回忆文章编排位置时，什劳特加尔博士先生，您和我讲过，您想关于他再写一点什么。

您想想，联邦政府和民族政府的义务是多方面的支持以至于保护所有的东西，只要他们有利于国家的富裕、声誉和威望。斯卢索维采的经营和工作系统及社会条件符合社会正义社会的理念。著名的苏联院士、经济学家阿伽姆培扬（Agambegjan）在访问斯卢索维采农业综合企业时声称：这样他们代表了社会主义企业的劳动和在社会中所起的作用。

现在我必须强调的是：我要抱歉的是，联邦政府在90年代初复杂的条件下，没有采取任何措施来保护和支持从各方面都是有成绩的、模范运作的斯卢索维采综合企业。遗憾的是，在政权更迭之后，各层政府都只是不起作用地注视着最高国家及公众领导人的不负责任的、应受惩罚的举动，

第十五章　副教授弗朗基舍克·楚巴的回忆

导致了有成绩的企业的消灭。我个人也向农业企业的主席弗朗基舍克·楚巴工程师、副教授及其最亲密的团队致以歉意，政治冒险家们在90年代初，致力于破坏我们国家。斯卢索维采农业综合企业代表了在社会正义社会中的社员和职工的生活和劳动的形象。

我一直相信，在欧洲及在世界上，令人赞赏的斯卢索维采的社会经济项目不会被忘记。我内心暗想，会有继来人，他们会像过去在弗朗基舍克·楚巴副教授的领导下那样工作和生活！

译后记

我怀着激动的心情,在寒冷的冬天,译完了什特劳加尔的"回忆与思考"的续集。他以年近90的高龄,用答读者问的方式,发表了他的回忆录的续集,不仅回答了大家读了他的回忆录以后的许多问题,而且进一步补充了许多内部材料,如用最多的篇幅"再谈古斯塔夫·胡萨克—1969到1989的捷共总书记",胡萨克是什劳特加尔的亲密朋友,可惜很早在捷克1989年政变后就去世了,没有留下什么文字东西,什特劳加尔这次作为党和国家第二把手的地位(政府总理),讲述了从1968年"布拉格之春"到1989年捷共政权垮台的过程及其各种原因,对这20年历史,捷共领导人物之间的矛盾和苏联的压力谈了许多内容。

这次的续集还包括了他当年的几位部长的回忆文章,这几篇文章主要写了在苏联模式的中央集权的管理体制的弊病,使捷克原来已经比较发达的工农业,经过战后的45年的历程,反而大大落后于受到战争严重破坏的西欧。

他的续集还更为明确的分析了捷共作为执政党40年来的教训:平时包揽一切,在国内外危机来临的时候,又是领导思想不统一,犹豫不决,失去良机。

在续集中,什特劳加尔继续对戈尔巴乔夫讲了自己的看法,认为他并不是一位改革家,他的历史贡献是主持了欧洲社会主义阵营的国际葬礼。

译后记

这个评价是非常恰当，十分形象的。

什特劳加尔在续集中还讲了1989年末捷共将政权移交给反对派的过程中的问题。

据我了解，在他的第一本回忆录出版之后，捷克的读者反映强烈，但也提出了许多问题和意见，这次的续集就是为满足大家的要求而出版的，据我的观察，大家反映比第一本还要好，作者自己也说，原来在第一本书中还有些顾忌，因为很多人都在世，目前在捷克，反共的浪潮还很有市场。

我想说的是，在译这本续集的过程中，我的导师，Miloš Poláček博士，年过90，身体很健康，一直给予我很多的帮助。

在我第一本书的译后记中，也说到过的HESTIA公司的总经理Holub先生，他是什特劳加尔总理下面的部长埃伦培尔格（V. Ehrenberger）的好友，他们对译这两本书都给了很多的支持，不幸的是，Holub先生在2013年春天突然因病过世了。我在译这本书的过程中，时时想起他。在这篇译后记中，我也要写上对他的哀思。什特劳加尔总理和我的几次会面都安排在Holub先生的办公室里，由于总理年事已高，每次Holub先生都亲自开车送总理回家。他们两人在当面和背后，都亲切又尊敬的称什特劳加尔为"总理先生"，而不加姓名。

我要继续感谢以Lubomír Ledl博士为秘书长的捷克——中工商联合会和以谢奉先高级工程师为董事长的南京斯凯汽车设备制造公司的同事们的热情帮助。

我还要感谢孙小飞在寒冬的深夜，在自己白天工作之后，不辞辛苦为译稿在计算机上进行了排版和打字，我写的文稿是很乱而潦草的，我在此表示十分的歉意和诚挚的敬意！

郦明

2014年3月18日于南京

图书在版编目（CIP）数据

回忆与思考（续集）/（捷）什特劳加尔著；
郦明译. —北京：中央编译出版社，2016.3

ISBN 978 – 7 – 5117 – 2947 – 7

Ⅰ.①回… Ⅱ.①什… ②郦… Ⅲ.①什特劳加尔 –
回忆录 Ⅳ.①K835.147 = 6

中国版本图书馆 CIP 数据核字（2016）第 022214 号

回忆与思考（续集）

出 版 人：	刘明清
责任编辑：	邓　彤
责任印制：	尹　珺
出版发行：	中央编译出版社
地　　址：	北京西城区车公庄大街乙 5 号鸿儒大厦 B 座（100044）
电　　话：	（010）52612345（总编室）　　（010）52612352（编辑室）
	（010）52612316（发行部）　　（010）52612317（网络销售）
	（010）52612346（馆配部）　　（010）55626985（读者服务部）
传　　真：	（010）66515838
经　　销：	全国新华书店
印　　刷：	北京京华虎彩印刷有限公司
开　　本：	787 毫米 × 1092 毫米　1/16
字　　数：	142 千字
印　　张：	10.75
版　　次：	2016 年 3 月第 1 版第 1 次印刷
定　　价：	46.00 元

网　　址：	www.cctphome.com　　邮　箱：cctp@ cctphome.com
新浪微博：	@ 中央编译出版社　　微　信：中央编译出版社（ID：cctphome）
淘宝店铺：	中央编译出版社直销店（http：//shop108367160.taobao.com）　（010）52612349

本社常年法律顾问：北京嘉润律师事务所律师　李敬伟　问小牛
凡有印装质量问题，本社负责调换。电话：（010）55626985